卡夫卡日记
1909—1912

[奥] 弗朗茨·卡夫卡 著

邹 露 译

中国国际广播出版社

图书在版编目（CIP）数据

卡夫卡日记.1909—1912 /（奥）弗朗茨·卡夫卡著；邹露译. —北京：中国国际广播出版社，2020.1（2024.7重印）
ISBN 978-7-5078-4609-6

Ⅰ.①卡… Ⅱ.①弗… ②邹… Ⅲ.①卡夫卡（Kafka, Franz 1883—1924）—日记 Ⅳ.①K835.215.6

中国版本图书馆CIP数据核字（2019）第283413号

著作权合同登记号 01-2019-1459

Based on Franz Kafka, 'Kritische Ausgabe'. Originally published under permission of Schocken Books Inc., New York City, USA, by S.Fischer Verlag GmbH, Frankfurt am Main, 1990 ©for the comments：S.Fischer Verlag GmbH, Frankfurt am Main, 1990
Simplified Chinese Translation Copyright ©2020 by China International Radio Press Co., Ltd.
All rights reserved

卡夫卡日记：1909—1912

著　　者	［奥］弗朗茨·卡夫卡
译　　者	邹　露
策　　划	张娟平
责任编辑	张娟平
校　　对	张　娜
设　　计	黄　旭

出版发行	中国国际广播出版社［010-83139469　010-83139489（传真）］
社　　址	北京市西城区天宁寺前街2号北院A座一层 邮编：100055
印　　刷	北京联兴盛业印刷股份有限公司
开　　本	880×1230　1/32
字　　数	170千字
印　　张	8.5
版　　次	2020年7月 北京第一版
印　　次	2024年7月 第四次印刷
定　　价	54.00元

版权所有　　盗版必究

| 译者前言 |

日记是内心世界最便捷、最真实的写照，卡夫卡这个为"写作"而生、为"写作"而亡的人，对这种表达方式欲罢不能。在1909—1923年这十余年时间里，卡夫卡的创作灵感和思路、精神和身体状况的变化、情感世界的纠结、生活的困惑和对社会伦理的思考，通过这三本《卡夫卡日记》淋漓尽致地展现在读者面前，是卡夫卡本人较为真实、多面的解剖图。细细品味，就会走近卡夫卡的内心世界。它们对研究卡夫卡其他文学作品的创作动机和背景以及揭开卡夫卡人生诸多未解之谜，具有重要意义。

卡夫卡的心思细腻，思想深邃，日记中每一个字、每一个标点都是他当下身心状况的体现，因此译文尽可能在选词、语序和标点符号上尊重原著，仅在个别不利于理解的部分对标点（极少）、语序做了调整，所以读者也许会看到有些段落突然中断，或者结束时缺少标点符号，这是卡夫卡日记原本的样子。或许这缺失的结尾背后有当时的创作环境、思路、情绪、身体状况的影响，或许只是单纯的忘记，无论如何，这就是卡夫卡日记的本来面貌。

从卡夫卡的日记中可以看出，他唯一的热爱就是写作：不停地思考，不停地写作。他的工作、婚姻、社交等都是围绕着能够让他专心写作、为写作创造条件展开的。卡夫卡是一个内心羞怯、矛盾和自我封闭的作家。他一方面想要融入世俗，让家人满意，为此也曾试图承担一份婚姻，尽管他本人对婚后一起生活、对性没有一丝兴趣，甚至有极大反感；另一方面却极其厌倦世俗生活，想要逃离，灵魂的自由是他毕生的渴望，而只有在写作中，他的灵魂才是自由、满足的。

卡夫卡日记中有一些反复、断裂、混乱的地方，这是卡夫卡内心矛盾的一种体现，卡夫卡对此有明确的认识。不了解卡夫卡的人，看到这些会觉得他是个头脑混乱的疯子，但这或有意或无意的笔触正是卡夫卡那段时期精神世界最真实的反映。读者从日记里看到的，卡夫卡也看得到，作为一个只对写作葆有热忱的人，卡夫卡清楚自己写下的每一个字的用意，也知道它在读者眼里或许会呈现出怎样的卡夫卡。比如他在日记里写道："可以想象在过去三四年里，同样内容出现了一千次。我毫无意义地消耗着自己……"

读卡夫卡日记，越读越能体会到，卡夫卡是一个很纠结、缺乏安全感的人。他经常做梦，梦境丰富且精彩，所以梦境也成了他日记的一个重要组成部分；他常常幻想，幻想自己会如何自我了结。卡夫卡内心的压抑通过拧巴的表达方式可以看出，但是他总归是个平凡的人，他喜欢的、排斥的、向往的、逃避的无非就是世俗的烦扰与理想的安宁，只不过他把这两种矛盾极端化地表现了出来。

在现今生活里,每个人都对工作有或多或少的排斥和不适应,在家庭关系中也会需要空间和独处的机会,在爱情里也会不断试探对方是否符合自己的性格、脾性和生活习惯,每个人也都有自己执着的追求和偏好,不管是读书、旅行、音乐、写作还是游戏。所以说,卡夫卡笔下的日记,将一个生动、鲜活的社会矛盾体摆放在读者面前,每个人都能从他的描述中找到或多或少的共鸣和自己的影子。

卡夫卡日记的意义在于,让读者从最真实的记录中发现他的心理状况、思维方式、生活习惯,看到他对教育制度、社会伦理的讽刺和批判;从哪怕是重复啰唆的话语里,读出他内心的愤恨、矛盾、焦虑、不安和渴望、向往及偶尔出现的幸福;从日常记录中读出他非常人的一面,躯体的痛苦、精神的压力都无法阻碍他对写作的热忱。他只有写作,他只要写作,婚姻、爱情、家庭、工作对他而言都是写作的负累。他想逃离生活,逃离家庭,逃离爱情,一度想要辞掉工作,就是为了满足自己写作的追求。

本着信达雅的原则,译文在语言处理上尽可能尊重原文,保留原稿表达的时代特色,同时尽力避免晦涩的表达,尽可能将译文处理得符合当下阅读习惯和表达习惯,以期达到可读、好读的效果。

本系列译自菲舍尔袖珍出版社(Fischer Taschenbuch Verlag)1994年版的卡夫卡日记三卷本,分别是《卡夫卡日记:1909—1912》《卡夫卡日记:1912—1914》《卡夫卡日记:1914—

1923》。这三卷内容取自《卡夫卡日记》,第一版出现在马克斯·布罗德(Marx Brod)1937年于布拉格出版的《日记和书信》中,第一个完整版是马克斯·布罗德1951年在S.菲舍尔出版社(S. Fischer Verlag)出版的《日记1910—1923》。

邹露
2018年8月
北京

| 目 录 |

第一册 / 001

第二册 / 077

第三册 / 145

第四册 / 205

第一册

列车驶过的时候,旁观的人们愣住了。

"每当他问起我"这句子里面的"ä"①字飞出来,像一个球飞滚出草地。

他的严肃令我窒息。头深埋在衣领里,头发一丝不苟地贴在脑袋上,下方脸颊上的肌肉紧绷着。

这片森林还在那儿吗?这片森林还在那儿,可真够大的。可是我的目光还没到达十步之外的地方,就停住了,我又被那无聊的对话吸引过去了。

---

① 德文"每当他问起我"为》Wenn er mich immer frägt《。——译者注

在这片黑暗的森林里,在这湿软的地面上,我只有靠着他衣领的白色来找到我的路了。

我在梦中请求舞者埃德瓦多娃,希望她再跳一遍查尔达什舞。在她的脸上,在额头和下巴中间,有一条宽宽的影子,或者说有一道光束。就在这时,一个举止猥琐、带着一股不自知的阴险气息的人走过来,告诉她列车快开了。从她听到这个消息的姿态中,我再明白不过,她不会再跳舞了。"我是一个邪恶的坏女人,不是吗?"她说。"哦,不是的。"我说着不是的,便转身随便朝着一个方向走了。

在此之前,我曾询问她腰带上插那么多花是怎么回事。"这些花是欧洲所有的侯爵送的。"她说。我思索着,欧洲所有侯爵送的这些鲜花插在舞者埃德瓦多娃的腰带上,这到底是什么意思呢。

舞者埃德瓦多娃是一名音乐爱好者,无论她走到哪儿,哪怕在电车里,都有两名小提琴手跟在她身边,她常常让他们演

奏。为什么不能在电车里演奏呢？这里又没有规定不准在电车里演奏，况且如果演奏得好，乘客们不仅感到愉悦，还不用花一分钱，也就是说演奏完后也不向乘客收钱。虽然一开始乘客们有些吃惊，没过多久，每个人都会觉得这样不合适，但是在整个旅途中，在阵阵劲风和寂静的巷道里，这琴声听上去却是如此美妙。

舞者埃德瓦多娃在外面时不像在舞台上那么漂亮。苍白的肤色，一对颧骨将皮肤绷得那么紧，以至于脸上几乎没有较明显的表情，一颗大鼻子——似从低洼处隆起，但人们却不能以此取乐，比如测测鼻尖的硬度，或者轻轻揪住鼻梁拽来拽去，还说着"现在你得跟着来了吧"。她身宽腰高，穿着一条褶皱过多的裙子，这又能让谁喜欢呢——她看上去很像我的一位婶婶，一位上了年纪的妇女，许多上了年纪的婶婶看上去都差不多。舞台外的埃德瓦多娃身上，除了一双颇美的玉足外，再没有什么能弥补这些缺陷的了，真的没有什么能让人爱慕、惊叹或者至少给予关注的了。而且我常常看到这样的埃德瓦多娃被冷漠对待，即便是那些本身非常圆滑世故、举止得当的先生，也无法掩藏这种冷漠，尽管他们也在朝着这个方向努力，像对待舞台上的埃德瓦多娃一样对待这位有名的舞者。

我的外耳摸上去鲜嫩、毛茸茸、冰凉、柔软，好像一片叶子。

我写这个完全是出于对我的身体和这副身体的未来的绝望[①]

如果这份绝望是如此确定，如此受其对象约束，如此被克制，像是被一名掩护撤退并为此碎身糜躯的士兵克制一样，那么它不是真正的绝望。真正的绝望会立刻并且不断超越其目标，（这里的逗号表明，只有第一句话是正确的）

你绝望了吗？

是吗？你绝望了？

你跑开？你想躲起来吗？

我从那妓院旁走过，就像走过一个情人的房子。

[①] 原著句末没有标点。书中多次出现类似情况，不再一一标注。——译者注

作家们说着臭话

―――――――――

白衣女裁缝们在瓢泼大雨里。

―――――――――

从车窗向外

―――――――――

终于，五个月过去了，这段日子我什么也写不出来，对此我或许感到满意，这对我而言是任何力量都无法取代的，尽管也许所有人都该对此负责，但这五个月之后，我突然有了再次同自己说话的念头。当我真的向自己提问时，我总会做出回答，就像一个稻草堆，从中总能拍打出些什么。这五个月来，我就是这个稻草堆，我的命运看起来也像它一样，在夏天被点燃，看客们还没来得及眨眼就已化为灰烬。但愿这种事情只发生在我身上！而且应该十倍地发生在我身上，因为我从不会为这种不幸的时刻感到懊悔。我的状态不是不幸，但也不是幸运，不是冷漠，不是软弱，不是疲惫，不是别的兴趣，那么它究竟是什么呢？我对此无从知晓，大概也与我不能写作有关。我想我不用知道其根源，也能够理解这种无能之感。也就是说，所有那些突然出现的想法，从不知什么地方中途冒出来，都无法从根本上激发我。然后有人试着抓住它们，试着抓住一棵草，并且向这棵刚从茎秆半腰中长出来的小草求助。也许有些人能做到，比如日本的杂技演员，他们可以在一架梯子上攀爬，这梯子不是立在地上，而是由一个半躺着的人用脚掌托住，这梯子也没有靠在墙上，而是伸向空中。这我做不到，且不说我的梯子也没有那双托着它的脚掌。当然这也不是全部，这样一种质问还不足以让我开口。但是每天至少有一行字是针对我的，就像有人用望远镜对着彗星一样。倘若我真有一次出现在那样的句子前，我会被那样的句子吸引，就像我在去年圣诞节上那样，当时我离得那么远，远到我只能勉强保持平衡，当时我真的觉得到梯子的最后一阶了，但是这梯子静静地躺在地上，靠在墙上。可那是怎样的地面！怎样的墙！然而那架梯子没有倒下，我的双脚就这样将它压在地上，就这样将它抵到墙上。

比如，今天我有过三次狂妄的举动，对一位售票员，对一位站在我面前的人，这样说来只有两次，但是他们让我感到像

胃痛一样难受。也许在每个人看来这都是狂妄的举动，在我看来也正是如此。于是我从我的自我中走出来，在空气中，在雾中，最令人恼火的是，没有人注意到，我也把这种狂妄作为一种无耻行径施加到我同伴的身上，我不得不这么做，不得不做出恰当的表情，不得不负起责任；然而最糟糕的是，甚至连我的一个熟人都不把这种狂妄看作是一种性格的表征，而是当作性格本身看待，让我注意到我的狂妄并为此惊叹。我为什么不留在自我之中？不过，现在我会对自己说，看吧，这个世界任你捶打，在你离开的时候，售票员和站在面前的人是那么平静，后者甚至向你打了招呼。但这并不意味着什么。当你离开自己，你什么也得不到，不过反正你在你的圈子里又能错过什么呢？对这段话我只回答：我也更愿意让自己在这个圈子里扭打，好过自己在外面打架，不过，这见鬼的圈子在哪儿呢？有一段时间我看见它在地上，好像和石灰飞溅出来一样，可它现在只会这样在我身边飘荡，甚至连飘也不飘了。

〈1910年〉5月17至18日〈18至19日〉
彗星之夜

同布莱、他的妻子和他的孩子在一起，我在自身之外短暂倾听到自己的声音，就像一只小猫随口发出的哀鸣，但至少发出了声音。

多少天又悄无声息地过去了,今天是5月29日。我甚至连将这支蘸水钢笔、这支笔杆子每天拿到手里的决心都没有。我已经明白,我没这个决心。我划船、骑马、游泳、晒太阳。因此我的小腿肚良好,大腿也不错,肚子还可以,可是我的胸腔已经损耗得非常严重,而且如果我脖子上的脑袋[①]

星期日,1910年7月19日
睡着,醒来,睡着,醒来,不幸的生活

如果就此思考的话,那么我必须说,我受的教育在某些方面对我造成了极大的伤害。我也不是在某个偏远的地方,譬如说在山里的废墟上接受教育的呀,如果是这样我就不会说出任何责备的话。如果真存在这种危险,即所有我过去的老师都没能意识到这一点,那么我宁愿并且最希望自己是那个小废墟的居民,被阳光灼烧,也许那里的阳光在瓦砾之间从各个角度照

---

① 原著此处中断。书中多次出现类似情况,不再一一标注。——译者注

在温暖的常春藤上，照在我身上，就算一开始我在自己良好品性的压力之下可能是孱弱的，这种品性可能会以杂草之力在我体内生长

　　如果就此思考的话，那么我必须说，我受的教育在某些方面对我造成了极大的伤害。这种指责牵扯到许多人，我的父母、一些亲戚、我家中的几个访客、各种各样的作家、某位特定的在长达一年的时间里送我去学校的厨娘、一群教师（我必须将他们在我的记忆里紧紧挤压在一起，否则有时候会忘记其中的一位，因为我将他们挤压得这样紧，这个整体中又有些地方脱落了）、一位学监、缓慢行走的路人，简言之，这种指责像把短剑一样蜿蜒地穿过这个社交圈。对于这种指责，我不想听到什么反驳，因为我已经听到了太多，也因为我在大多数反驳中被驳倒，所以我将这些反驳一并纳入我的指责中，并且声明现在我受的教育和这些反驳在好些方面严重伤害了我。

　　我常常就此思考，然后总是必须要说，我受的教育在颇多方面深深伤害了我。这个指责针对一大群人，当然，他们在这里是站在一起的，像在老旧的合影中一样，不知道相互之间该做些什么，就连眼皮下垂也想不到，而且他们因期待而不敢微笑。他们是我的父母、一些亲戚、一些教师、一位特定的厨娘、一些舞蹈课上的少女、一些旧时家中的访客、一些作家、一名

游泳教练、一名售票员、一名学监,然后还有一些与我在街上有一面之缘的人,以及一些我恰巧记不起来的人,还有那些我再也不可能记起来的人,最后还有这样的一些人,我当时不知怎的分了神,完全没注意到他们的说教,简言之,人是如此之多,以至于我必须留神,不要把一个人说上两遍。而且我向他们所有人提出我的指责,以这种方式将他们公布给彼此,但不能容忍任何反驳。因为我确实已经承受了太多反驳,而且由于在大多数反驳中被驳倒,我别无他法,只能将这些反驳一并纳入我的指责之中,并且说,除了我受的教育之外,这些反驳在很多方面也深深伤害了我。

也许人们期待的是我曾在某个偏远的地方接受过教育吧?不,我是在这个城市的中心接受的教育,在城市的中心。不是在诸如群山中的废墟或者湖畔之类的地方。我的父母和他们的随从们直到现在一直被我的指责笼罩并且感到无望;如今他们轻松地将这个指责推到一边,而且发出微笑,因为我从他们那里抽走我的双手,放在我的额头上,想着:我本应该是那个废墟上的小小居民,聆听寒鸦的叫喊,任凭它们的影子从我头上掠过,在月光下变得冰冷,被在瓦砾之间从各个角度照射到我的常春藤床上的阳光灼烧,即使一开始我在自己良好品性的压力之下有一点孱弱,这种品性定会以杂草之力在我体内成长。

我常常就此思考,并且任由思绪飞舞,不受自身的干扰,而且无论我如何扭转它,总会得出这个结论:我受的教育在颇多方面对我造成了可怕的伤害。这种想法里面隐藏着对一群人的指责。这群人里有我的父母、亲戚、一位特定的厨娘、一些教师、几位作家、与我家交好的家庭、一位游泳教练、一些避暑地的本地人、城市公园中的几位太太,可能从她们的外表完全看不出这一点,一位理发师、一个女乞讨者、一名舵手、一位家庭医生,而且还有很多其他人,倘若我愿意并且能够将所有人的名字说出来,则还有更多。简言之,人数是如此之多,以至于必须注意不要将这群人中的一位说上两遍。现在人们也许会认为,一种指责会因为这庞大的人数而丧失稳固性,而且一定会失去稳固性,因为指责不同于只会前进而不知分散的将军。倘若指责是针对过去的人,那么正是这种情况。这些人似乎带着一股遗忘的力量留在记忆里,他们的双脚几乎无法再踩到地面上,而且就连他们的腿也已化作烟。如今应该出于某种目的来指责这种状态里的人们所犯下的错,就是他们过去在教育一个男孩时曾犯下的错,现在这个男孩在他们看来是那么难以捉摸,如同他们在我们眼中一样。然而人们不止一次提醒他们那段时光,但他们什么也想不起来,如果人们攻击他们,他们就沉默地把人们推到一边,没人能强迫他们,不过显然这也根本不能说是强迫,因为他们极有可能完全听不到这些话。他们像疲惫的狗一样站在那里,因为他们为了在回忆里保持正直的形象用尽了所有力气。但是,倘若真的让他们听到和讨论,那么可能你的耳中只有反唇相讥在嗡嗡作响,因为这些人深信死者的尊严会随他们到来世,并且这尊严在来世会放大十倍。倘若这个信念不正确,或许死者对生者有极大的敬畏,他们才会正确对待他们生的过往，因为它最靠近他们，而且可能会再次让我们的耳朵嗡嗡作响。即使这个信念不正确，死者恰恰非常公正，那么他们也决不容许人们用无法证实的指责来叨扰他们。因为这样的指责在人和人之间已然无法证实。在过去的教育中犯下的错，就像著作权一样，是无法证实的。那么我倒是想看看，在这种情况下，什么样的指责不会变成叹息。

这是我必须提出的那种指责。它有健康的内核，有理论支撑。但是，这个已经在我内心变得腐朽的东西，我会暂且忘记或原谅它，而且不会对此大肆喧嚷。与此相反，我可以在任何一个瞬间证明我受的教育想要把我变成另一个人，而非我本来会成为的那个人。教育我的人按照他们的想法使我遭受的伤害，我将以指责的形式还给他们，从他们手里要回我现在成为的那个人，并且因为他们没法把那个人给我，我将指责和嘲笑化为击鼓之声送给他们，直到传入来世。不过，这一切仅有另一个目的。我指责他们损害了我的一部分，损害了我善良美好的一部分——它有时出现在我的梦中，就像出现在别人面前的死去的新娘一样——这个指责总是准备化作叹息，它首先应该像一个真正的指责一样，像它本来那样，完好无损地到那边去。于是便出现了这样的情况，这个什么都不会发生在它身上的大的指责牵着小的指责的手，大的指责走着，小的指责跳着，但是一旦小的到了那边，它就还会凸显出来，对此我们一直在期待，还伴着鼓声吹着小号。

我常常就此思考，并且任由思绪飞舞，不受自身的干扰，但是我总会得出这个结论：我受的教育对我的毁灭超过了我对它的认知。从外表看我是一个和其他人一样的人，因为我接受的教育是平常的教育，正如我的身体也很平常一样。即使我有点矮小而且有点胖，但依然有许多人喜欢我，不乏姑娘们。对此没什么可说的。最近还有位女士说了些非常理性的话，她说："啊，若我能见到您裸体的样子，那么您必须首先是漂亮的，而且是能被亲吻的。"倘若我这儿缺上唇，那儿没外耳，这儿缺根肋骨，那儿少根手指，就算我头顶无毛，满脸痘疤，也不足以与我内在的缺陷相对应。这种缺陷不是先天的，因此更让人心痛。因为像别人一样，我也从出生起就在心中有了我的重心，那愚昧的教育也没能动摇它。虽然我拥有这个美好的重心，但在某种程度上缺乏属于它的躯体。一个无事可做的重心，变成了铅，并像猎枪子弹一样插在躯体里。然而，那个缺陷也不是我应得的，我并无过失，却不能避免它的出现。因此，即使我努力寻找，在心中也找不到半点儿懊悔，因为懊悔于我而言是好的，它在心里放声痛哭；它将痛苦搁置一旁，并独自将那件事处理得很体面；我们依然正直，因为懊悔宽慰了我们。

我的缺陷，如我所言，并非天生的，也不是应得的，尽管如此，我还是比其他人能更好地承受它，那些人依靠伟大的创造性劳动和挑选的辅助工具承受了小得多的不幸，譬如一位丑恶的妻子、贫苦的生活、不幸的职业，但绝不会因绝望而面露阴郁，而是白里透红

我并非如此，仿佛我受的教育已经如它所愿如此深入我的

内心。也许是我的青春太过短暂，我在40岁的现在，仍要放声歌颂它的短暂。只有这样，我才能依然有力而清晰地看见我青春的缺失，接着，克服这些缺失带来的痛苦，接着，向各方提出对过去的指责，并在最后将剩余的力量留给自己。但是，这所有力量又仅仅是我孩童时的力量的剩余，而且它使我比别人更多地蒙受青春毁灭者的影响，是的，一辆好的跑车首先会被尘和风追随和超越，障碍物迎面飞向它的车轮，以至于人们几乎应该相信爱情。

在这股力量中，我最清楚我现在还是什么，这些指责想要凭着这股力量跑出来。有一段时间，我的心里除了盛怒之下的指责之外没有别的，虽然身体安康，但我会在街上牢牢抓住陌生人不放，因为这些指责在我心里来回窜动，就像迅速端起的盆里的水。

那段时光已经过去。指责散落在我心中，像等待抓住和举起的陌生工具一样，但我已不再有勇气。此外，似乎我过去受的教育的腐朽，重新开始对我的内心产生越来越多的影响，回忆的瘾，也许是我这个年纪的单身汉的一种普遍特征，再次将我的心向着我本该用指责去击打的人们敞开，一件仿佛昨日的事，过去像家常便饭，现在却那么稀奇，以至于我要把它记录下来。

然而，除此之外，我还是我自己，那个正把蘸水钢笔搁在一旁要去打开窗户的我，也许是我的挑衅者们的最佳助力。因为我低估了自己，而这就意味着我高估了其他人，但是，我除了高估他们之外，还直接伤害了我自己。倘若我被指责的欲望侵袭，我就从窗户看出去。谁会否认坐在他们船里的渔民，像从学校被带到河边的小学生一样;好啊,他们的沉默常常让人无法理解,就像窗玻璃上苍蝇的沉默一样。电车同往常一样伴着劲风驶过这座桥,呼啸而过,像腐蚀的钟一样发出鸣响,毫无疑问,这名浑身上下全是黑色、胸前的勋章闪着金光的警察,让人除了地狱之外想不到别的,现在他抱着与我相似的想法注视着一位渔民,他在哭喊,或许是遇到鬼怪,或是木塞在抽动,他突然向船边俯下身去。这一切都是正确的,但只是在那个时候,现在,唯有我的指责是正确的。

它们针对一群人,可能这的确使人恐惧,而且不只是我,其他每个人可能都更愿意从敞开的窗户向外观察这条河。这儿有我的父母和亲戚,他们以爱之名伤害了我,这使他们的罪过更大,他们本可以更加地以爱之名利用我呢。然后是一些关系不错的家族,他们带着恶毒的眼神,负罪感使他们变得沉重,他们不愿回忆起这些。然后是一群保姆、教师和作家,还有一位特定的厨娘。然后是沆瀣一气、应该受到惩罚的一位家庭医生、一位理发师、一名舵手、一个女乞讨者、一个卖报人、一个公园看守者、一名游泳教练。然后是城市公园中的几位外地太太,可能从她们的外表完全看不出这一点,一些嘲讽无罪本性的避暑地的本地人,以及许多其他的人。不过,如果我想并且能够将他们所有人的名字一一列出,那么还有更多人,简言之,人是如此之多,以至于我必须留神,不要把一个人说上两遍。

我常常就此思考,并且任由思绪飞舞,不受自身的干扰,但我总会得出相同的结论：我受的教育带给我的毁灭超过了我认识的所有人，超出了我对它的认知。然而，对此我只能不时谈起一次，因为接着会有人问我："真的吗？这可能吗？这可信吗？"出于精神上的恐惧，我已经尽力约束此事。

外表上看起来我同别人一样：有腿、身体和头，裤子、上衣和帽子。人们让我像模像样地做操，尽管我是那么矮小和虚弱，但这就是生活，无法避免。此外，有很多人喜欢我，甚至有年轻姑娘们，而且那些不喜欢我的人仍觉得我可以忍受。

据说，并且我们也愿意相信，处于危险中的男性甚至连漂亮的陌生女人都不会注意；假如这些女人妨碍了他们从失火的剧院里逃生，他们会把她们推到墙上，用头和手、膝和肘撞她们。那时，我们这些健谈的女人们便闭口不语，她们没完没了的谈话被喝止，原本舒展的眉毛抬了起来，腿部和臀部动作随着呼吸的节奏骤然停止，那因害怕而轻轻闭上的口中流入了比平时更多的空气，脸颊看起来也微微鼓起。

桑[①]：法国人都是演员；但只有他们当中最弱小的人才演喜剧

---

① 这里指法国著名小说家乔治·桑。——译者注

法国剧院里雇来捧场的人:在剧院正厅里指挥的人。用哈哈大笑引导周围的人,用丢报纸的动作引导顶层楼座的人。

木槌表明开始

1911 年 2 月 19 日

无论我今天多么想从床上爬起来,我还是直接晕倒了。有一个非常简单的原因,就是我完全被说服了。不是被办公室,而是被我的其他工作。如果我不是非得去那里的话,如果我可以从容不迫地投入我的工作,而不必每天在那里虚度这六个小时的话,特别是周五和周六,我被满满一堆事情折磨,这是您无法想象的,那么,与我相比,办公室有一部分是无责的。我知道这终究只是一通胡扯,我是有责的那个人,而办公室对我提出了最明确与最合理的要求。只是于我而言,这是一种可怕的双重生活,从中只有精神错乱这唯一的出路。这是我在美好的晨光中写下的,倘若它没有那么真实,倘若我不像爱一个儿子那样爱它,那么我肯定不会将它写下。

此外,明天我一定会与大家再相聚,并走进办公室,那时我将是第一个听到您说想要我离开您的部门的人。

1911年2月19日

在我灵感的特殊形式里，我，这个最幸运和最不幸的人，现在于凌晨两点准备入睡（只要我能忍受这种念头，这种形式也许便得以留存，因为它比以往所有的形式更高级）。我灵感的特殊形式是，我无所不能，不只基于某一种特定的工作。若我随意写下一句话，譬如他向窗外望去，如此它已是完美的了。

"你还要在这里待很久吗？"我问。随着这突如其来的对话，我的唾液从口中喷出，像一个坏的征兆。

打扰到你了吗？倘若打扰了你或者可能妨碍了你上去，我会立刻走开，不然我还是愿意留下，因为我累了。

1911年3月28日

画家波拉卡尔林，他夫人那两颗又宽又大的门牙把那张巨大的更确切地说是扁平的脸，顶出了一个尖儿；霍夫拉特·比特纳女士，作曲家的母亲，岁月雕琢了她粗壮的骨骼，因此她至少在坐着的时候看起来像个男人：——施泰纳博士常常被他那些不在场的学生们打扰——在作报告时，这些死气沉沉的学生常常催促他。求知欲？可他们真的需要吗？显然是的。——睡了两小时。自从有人切断了他的电灯，他就一直随身携带一根蜡烛。——他离耶稣非常近。——他在慕尼黑写过舞台剧

("你可以在那儿研究上一年,却不明白它的意思"),设计过服装,写过曲子。——教过一位化学家。——勒维·西蒙,巴黎蒙塞码头上的一名丝绸商,从他那里得到了最好的商业建议。他将自己的作品翻译成法文。因此,这位内廷参事夫人在她的笔记中写道:"如何认识更高层次的世界?在巴黎的 S. 勒维那里。"——在维也纳共济会里有一位神智学者,65 岁,身体非常强壮,曾经是一个肥头大耳的大酒鬼,他不断地相信神,又不断地怀疑。这应该是非常有趣的。比如有一次他参加布达佩斯的会议,在布罗肯山的一场月光晚宴上,施泰纳博士意外地加入了他的社交圈,他出于害怕,拿着有把手的酒杯,躲到了一个酒桶后面(尽管如此,施泰纳博士并没有为此生气)——他也许不是当今最伟大的人文研究者,但他独自担负起将神学与科学统一起来的使命。因此,他也无所不知。——

有一次,一位植物学家,一位伟大而神秘的大师,来到了他家乡的村庄。他使他顿悟。——我将追随施泰纳博士,这是那位夫人为我设定的开端。——当这位夫人身上出现流感的苗头时,她的医生向施泰纳博士讨要了一种药剂,给这位夫人开了此药,她很快就康复了——一位法国女人用法语跟他说"再见"。他在她身后挥手。两个月之后,她死了。还有一件类似的事发生在慕尼黑。——一位慕尼黑医生用施泰纳博士指定的色彩治好了病。他把病人送进绘画陈列馆,配上处方,即在一幅特定的画前集中精神半小时或者更久。——亚特兰蒂斯消亡,雷姆利亚大陆沉沦,现在利己主义带来毁灭。——我们生活在一个关键的时代。只要恶神阿里曼的力量不陡然增大,那么施泰纳博士的尝试就会成功。——他能喝两升杏仁奶，吃长在高处的果子。——他靠思维形式和他不在场的学生们交流，将思维形式传授给他们，而不必在思维形式生成之后继续跟他们打交道。但它们很快就过时了，他必须再创造它们——范塔女士：我记性很差。施泰纳博士：您别吃鸡蛋。

我去拜访施泰纳博士。

一个女人已经在等着了（在容曼大街维多利亚饭店二层上面），但她急忙请我在她之前进去。我们等着。秘书过来，敷衍了我们。我向走廊里瞄了一眼就看见了他。紧接着，他半张开双臂向我们走来。那个女人解释道，我是第一个来的。现在我跟在他后面，好像在将我引进他的客房一样。他在演讲当晚穿的衣服像黑色皇袍一样（不是抛光的那种，而是因纯粹的黑色而闪烁光芒），现在在日光之下（下午三点）看起来积满灰尘，尤其是后背和肩膀处，甚至有点污渍斑斑。在他的房间里，我试图通过为我的帽子寻找一个荒谬的位置来表现出我的谦恭，那份我感受不到的谦恭；我将它放在了一个系靴带时用的小木架上。桌子在屋子中央，我坐下来，目光朝向窗户，他坐在桌子左边。桌子上有些纸，上面有一些图样，让人想起那些关于神秘心理学的演讲。一册《自然哲学年鉴》盖在一堆书上，这堆书看起来也是随意摆放的。只是你不能东张西望，因为他始终试图用眼神来锁定你。如果他偶尔没这么做，那么你就要注意收回目光。他以几句随意的话开头：您就是卡夫卡博士吗？您早就研究过神智学吗？不过，我用事先准备好的话接着说，我觉得，我内心很大程度上是渴望去研究神智学的，但同时我对这门学科有着特别大的恐惧。我害怕会从神智学那儿得到新的困惑，这对我而言非常糟糕，因为我现在的不幸恰恰就是困惑造成的。这种困惑便是：我的幸福，我的能力和潜能，无论如何从来都存在于文学领域。然而，在这里我经历的一些状态（不太多），在我看来与您，博士先生，所描绘的那种看透一切的状态非常接近，在这些状态中，我完全陷入每个突如其来的想法中，但我也填满了每个想法，而且在这些状态中，我不仅感觉到了自己的极限，也感受到了人类的极限。但是，这些状态缺少热情后的平静，这大概是看透一切之人所特有的，尽管并非完全如此。我由此得出结论，我不能在这些状态中写出我最好的作品。——我现在无法完全献身于文学领域，就像这是必须的一样，虽然从各种原因看来都并非如此。除去我的家庭状况之外，由于我的作品诞生缓慢并且特点与众不同，我不能靠文学作品维生；此外，我的健康状况和性格也不允许我将最有利的状态奉献给不确定的生活。所以，我成了一家社会保险机构里的职员。现在，这两种职业互不相容，也无法容忍一种共同的幸福。一种职业里最小的幸福会导致另一种职业里巨大的不幸。如果我在某天晚上写出了好的东西，第二天在办公室就会火烧眉毛，而且什么都做不成。这种反反复复的情况越来越糟。

在办公室里，我表面上履行工作的职责，内心的职责却没得到履行,那个内心没有履行的职责变成了不幸,这不幸再也无法从我心里移开。有了这两种水火不容的追求,现在我还要把神智学当作第三种追求吗?它难道不会干扰这两者,同时自身受到这两者的干扰吗?现在这个如此不幸的我,能将这三种追求进行到底吗?博士先生,我来此地,就是为了问您此事,因为我预感到,如果您认为我可以做到,我就真的能承担起这个责任。

他听得非常投入,没有一丁点儿观察我的痕迹,完全沉浸在我说的话中。他不时地点头,似乎把这当作精神高度集中的助力。刚开始,一个无声的喷嚏妨碍了他,鼻涕从他的鼻子里跑出来,他不停地把手绢伸进鼻子深处,一根手指轮番插在每一个鼻孔里。

由于读者已经习惯了在当代西欧关于犹太人的小说的字里行间,搜寻和发现犹太人问题的解决方法,但在《犹太女人》中却没有指明这样一种解决办法,甚至没有任何相关猜测,因此,读者可能会简单地认定,《犹太女人》中有缺漏,而且非常不愿意看到,据说犹太人在大白天到处走动,未受到任何来自过去或将来的政治鼓励。这时他必须告诉自己,围绕着犹太人问题的解决方法,如此清楚地摆在那里,尤其是自犹太复国主义崛起以来,以至于最后只需作家转一下身子,就可以发现一个确定的、符合当前问题的解决方案。

我通过他的眼神猜测，他是因为我受的那些累，而且现在——也许只是因为他累了——他确定了这一点。假如一点点紧张还不够，假如成功地做到瞒天过海，那么也许现在依然能成功。我到底要不要替自己辩解？虽然我固执地站在这里，在这座房子前，但我也固执地犹豫着要不要走上去。难道我要等到客人过来，唱着曲子把我接上去？

1911年8月15日

已经流逝的这段日子，我什么都没写出来，但它对我很重要，因为我在布拉格、柯尼希斯萨尔和赛尔诺施尼茨的游泳学校里，已不再为我的身体感到羞愧。正如我直到28岁才补回我受的教育，这在赛跑中叫作延迟起跑。这种不幸造成的损失也许并非无法弥补；这只是那种逐渐消失的、变得无边无际的不幸中尚可看见的、明确的、健康的内核，这种不幸会把本该绕在圈子周围的人们赶进圈子内部。此外，在这段短暂却幸福的时光里，我也发现了自己身上许多其他的东西，我将试着在接下来的日子里把它写下来。

1911年8月20日

我有一种不幸的想法,就是我没有时间去写哪怕一丁点儿好的作品,因为我确实没有时间去写一段故事,我没有时间涉足世界的各个领域,好像我必须这么做一样。然而,当我通过一点点写作得到放松,并重新尝试写作时,我又会觉得,我的旅行最好还是取消,我最好还是去写作。

我通过他的眼神猜测,他是因为我受的那些累,而且现在——也许只是因为他累了——他确定了这一点。假如一点点紧张还不够,假如成功地做到瞒天过海,那么也许现在依然能成功。我到底要不要替自己辩解?虽然我固执地站在这里,在这座房子前,但我也固执地犹豫着要不要走上去。难道我要等到客人过来,唱着曲子把我接上去?

我读了关于狄更斯的文章。文章如此难懂,一个局外人也许能理解,一个故事从一开始就在人们自己身上经历着,从遥远的时间点到驶近的由钢、煤和蒸汽组成的火车头,但人们现在仍离不开它,而且想要被它追逐,为它花时间,也就是说被它追逐并且以自身的动力跑在它前面,不管它撞到哪里,不管人们吸引它去哪里。

我无法理解，甚至无法相信它。我只是活在一个小小词语里的一些地方，在它的变元音里（上面的"撞"字），比如，我会瞬间丢掉我没用的脑子。首尾字母是我如鱼般感受的开始和结束。

1911 年 8 月 24 日

和熟人们坐在一家露天咖啡馆的桌旁，看着邻桌的一个女人，她刚到，丰满的乳房下发出沉重的呼吸，发热的脸上泛着棕色光泽。她把头向后仰，一绺浓重的胡须清晰可见，她眼睛向上转，也许和她偶尔看着她丈夫时的眼神几乎一样，此时她的丈夫正在她旁边看一份有插图的报纸。也许确实能让她相信，在咖啡馆里，男人在妻子身边最多也就读读报纸，绝不可能读杂志。不一会儿，她意识到了她丰腴的身体，并从桌边挪开了一点。

〈1911 年〉8 月 26 日

明天我应该去意大利。此时在夜里，父亲因为兴奋无法入睡，因为他完全沉浸在对生意的忧虑和因此被唤醒的疾病的烦恼之中。他的心口有一张湿布，恶心，缺氧，哀叹着走来走去。

母亲在恐惧中发现新的安慰。他以前总是那么精力充沛，什么都放得下，而现在——我说的是对生意的哀叹只持续了三个月，可能还会继续，然后可能就一切都好了。他叹着气、摇着头走来走去。很明显，在他看来，我们无法消除他的忧虑，甚至连减轻也没有，但是在我们看来不是这样，即便在我们最好的意愿中，仍有一些悲伤的想法，就是他必须照顾他的家人。——后来我想，他在母亲身旁，要是他压制她，至亲们肯定会安抚。——他时常打哈欠，或并不那么倒人胃口地挖鼻子，这对于安抚他对现状的忧虑有一点作用，他自己几乎意识不到这一点，尽管他在身体健康的时候一般不会做这些动作。——可怜的母亲明天要去房东那里求情。

1911年9月26日

画家库宾推荐用边条曲菌素做泻药，这是一种捣碎的海藻，它在肠子里膨胀，使肠子蠕动，也就是发挥物理作用，不同于其他泻药那种不健康的化学作用，只是把粪便捣碎后，让它们挂在肠壁上。——他和汉姆生一起来到了朗根。他无端发出讥笑。在谈话期间，他没有打断谈话，直接把脚翘到膝盖上，从桌上拿起一把大裁纸剪刀，绕着圈剪掉他裤边的线头。他衣衫褴褛，只有一个较为值钱的配件，就是领带。——慕尼黑一个艺术家公寓的故事，那里住着画家和兽医（兽医学校就在附近），而且变得十分破旧，可是对面房子的窗户也租出去了，因为那儿的视野好。为了满足看客的需要，有时公寓的房客会跳上那个窗台,用猴似的姿势从他的汤碗里舀汤喝。——一位古董赝品制造商,用散弹射击制造风化效果,对一张桌子说道,现在我们还要在这上面喝三次咖啡,然后就可以把它送到因斯布鲁克博物馆了。——库宾本人:很强壮,面部表情却有些单调,他用同一种紧张的肌肉来诠释各不相同的事物。从他坐下、起身,单穿西服或大衣,可以看出不同的年龄、身高和结实程度。

1911年9月27日

昨天在瓦茨拉夫广场遇见两名少女,视线在一名少女身上停留得过久,太晚才发现另一名少女,她穿着一件家居的、质地柔软的、棕色的、有褶皱的、宽大的、前面稍微有些敞开的大衣,有着柔嫩的颈部和精致的鼻子。她的发型我已经忘了,但是非常漂亮。——观景楼上,一位老大爷穿着松松垮垮的吊裆裤。他吹着口哨;我一看向他,他就不吹了;我一移开目光,他又开始吹;最后就算我看他,他也继续吹。——那颗好看的大纽扣,漂亮地钉在一名少女的衣袖下面。这件衣服穿在她身上也很美,好似盘旋在美式长靴之上。我很少被漂亮的东西吸引,而这颗不引人注目的纽扣和那个一无所知的女裁缝成功地吸引了我。——这位女小说家在前往观景楼的路上,她活泼的眼睛不受眼前话语的影响,满足地展望着她的故事,直到故事结束——一名强壮的少女有力地转动脖子,

1911年9月29日

歌德的日记：一个人若不写日记，那么对待日记就会持一种错误的立场。例如，如果他在歌德的日记里读到"1797年1月11日整天在家忙于各种整理工作"，也许他会觉得，他自己从未在一天中做过这么少的事情。——歌德的旅行观察与今天的不同，因为他的观察是在一辆邮政马车上进行的，由于景观变化缓慢，观察过程比较容易，也更容易被不认识那些地方的人们看到。一种宁静的、真正的自然景观式的思维方式出现了。因为这些地区以未受破坏的天然面貌呈现在车上的乘客面前，这些公路与铁路相比，将大地裁剪得更为自然，它们之间的关系也许就像河流与运河，因此，观察者无须人为破坏，也无须费力，就可以将景色看个完整。因此，即时观察的次数不多，大多数只是在内部空间，在这里，某些人会立刻对眼前的景色肆无忌惮地咆哮，比如在海德堡的奥地利军官，相对而言，维森海姆的男人们的位置离这景色更近，"他们身着蓝色外套和用编织的花朵装饰的白马甲"（根据记忆引用）。关于沙夫豪森的莱茵瀑布，他写了许多，中间有用较大字母写的"激动的想法"。

卢塞恩小型歌舞场。卢齐厄·柯尼希展示了旧式发型的照片。刮得干干净净的脸。有时，凭着那从下而上抬起的鼻子、高举的手臂和翻转过来的十指，她在一些事情上获得了成功。怯懦的脸。——朗根（画家彼得曼）模仿的笑话。一种显然没

意思的表演，让人想不到的无趣，因为它并非每晚都能够上演，特别是因为它在创作时就如此无趣，以至于无法形成一种避免这个人物形象过于频繁出现的模式。小丑漂亮地一跃，跳过一把椅子，落入舞台侧幕的空地。这整个场景让人想起一场私人社交圈里的演出，在那场演出中，人们出于社交需要，专门为一种非常费力且毫无意义的表演喝彩，想通过掌声的优势来弥补这表演的不足，以获得某种顺利和圆满。——歌手瓦萨塔。真糟糕，人们沉迷于他的外表。但是，因为他是一个强壮的人，他定能用一种肯定只有我能理解的动物的力量在途中吸引观众的注意力。——格林鲍姆用只是所谓表面上对生存的绝望来达到效果。——奥迪斯，女舞者。僵硬的臀部。真正的素食主义。红色的膝盖只适合跳《春之声》。

1911年9月30日

昨天在隔壁房间的那个姑娘（黑利·哈斯）。我躺在长沙发上，在半睡之际听到了她的声音。她对我产生了特别强烈的吸引力，不管她是穿着衣服，还是在整个隔壁房间里，只有她那匀称、赤裸、浑圆、强壮的深色肩膀，我在泳池里看见过，从她的衣服中露了出来。眨眼间她似乎在我眼前蒸发，整个隔壁房间弥漫着她蒸发后的气息。接着，她穿着灰色紧身围腰站在那儿，紧身围腰的下端离身体那么远，远到可以坐一个人在上面，而且几乎可以在上面骑马。

继续说库宾：这种习惯，即在任何情况下都以赞同的语气重复别人的最后几个词，即便在此基础上编造出自己的话能够表明自己与别人完全不一样，令人恼火。——在倾听他的诸多故事时，人们会忘掉他的价值。人们突然记起这一点时，会感到害怕。据说，我们那时要去的一家酒馆有危险；他说，那时他没有去；我问他，他是否对此感到害怕，他回答，并挽起我的手：当然，我还年轻，还有好多事没做。——他整晚频频谈到——在我看来是相当认真地——我和他的便秘。接近午夜，当我把手从桌边垂下，他看到我的一截胳膊并喊道，想不到你真的生病了。从那以后他对我更加迁就，后来还阻止了其他想要劝我一起去妓院的人。我们分别时，他还从远处向我喊道："边条曲菌素！"

图霍尔斯基和萨弗兰斯基。在这种发送气音的柏林话里，声音的停顿需要由"尼西"这个词构成。第一位是同21岁的年纪相当吻合的一个人。他一开始稳健有力地挥动手杖，这让他的双肩被抬高，显出青春的活力，后来他审慎地消遣与漠视自己创作的作品。他想成为辩护者，只看得到少数几个障碍——同时也有克服这些障碍的可能性：他用响亮的嗓音滔滔不绝地讲了半小时后，音色明显从男性变成少女——怀疑自己装腔作势的能力，却希望从更多的世界游历经验中得到这种能力——最后，他害怕蜕变成悲世之人，他从柏林犹太长者身上发现自己的这种趋势，然而他目前完全没有感受到这一点。他不久后要结婚了。

萨弗兰斯基，伯恩哈德的学生，在作画和观察时做鬼脸，鬼脸与画的东西有关。这让我想起，我本人有一种无人知晓的强大的变形能力。我必须经常模仿马克斯[①]。昨晚在回家的路上，作为观众的我本可以与图霍尔斯基交换角色。在我体内的这种陌生的存在是如此清晰而不可见，就像拼图里面的玄机，如果不知道玄机就藏在里面的话，人们绝对无法从中发现什么。当变形发生时，我宁愿相信是我自己的眼睛模糊不清。

10月1日，星期一〈1911年星期日〉

老新犹太会堂，昨天。《科尔·尼德莱》。交易所里被压抑的嘟哝声。前厅里捐助箱上的标签："默默施予慷慨，安抚内心愤慨。"教堂似的内部。三个虔诚的犹太人，显然来自东方。穿着短袜。在祈祷书前弯下身，将祷告长袍拉过头顶，使自己尽

[①] 在《卡夫卡日记》中，文中各处说的马克斯，都是指卡夫卡最亲密的朋友马克斯·布罗德。——译者注

可能变小。两人在哭泣，只因节日而感动？其中一人也许只是眼睛有伤，还把那皱巴巴的粗布衣匆匆放在眼睛上，好马上再把脸贴近祷文。这些文字原本不是或者主要不是被吟唱的，但是可以从这些不断编织的细如发丝的文字中拉出阿拉伯式花纹。那个小男孩毫无整体概念，也没有辨别方向的能力，耳朵里全是嘈杂的声音，在拥挤的人群里慢慢挪动，也被人群推着走。这位明显是个副手的人，在祷告的时候快速颤抖，这只能被理解为一种尝试，尽可能有力地、即便可能有点愚蠢地重读每一个字，同时也可以保护嗓子，在这样嘈杂的环境里是无法读得清晰又大声的。妓院老板一家人。在平卡斯犹太教堂，我被犹太教搞得无比疲惫。

———————

大前天在苏哈的妓院里。一个犹太女人长着一张细长的脸，更确切地说，那张脸延伸进细长的下巴里，不过被抖散开的蓬松的波浪发型映衬得宽了。这三扇小门从建筑内部通往大厅。客人像在舞台上的警卫室里一样，桌上放着饮料，但基本没被碰过。这个面部扁平的女人穿着笨拙的连衣裙，这裙子得从特别靠底部的镶边处才能摆动。这里有几个人，之前也有几个，穿得像儿童剧场里的木偶，就像是圣诞市场上售卖的那种木偶一样，贴上褶边和金箔，松松垮垮地缝上，这样就能一下子拽开，然后用手指撕碎。老板娘的一头亚光金发在令人恶心的衬垫上被拉得很紧，鼻子极度下陷，下陷的方向和下垂的乳房及僵硬的腹部之间存在某种几何关系,她抱怨说头痛,引起头痛的原因是,今天,星期六,非常闹腾,却没有一点儿意思。

关于库宾:汉姆生的故事令人怀疑。这样的故事,人们可以从他的作品里拿出几千件,当作亲身经历来讲述。

关于歌德:"激动的想法"只不过是莱茵瀑布激发的想法。这是从给席勒的一封信上看到的。——零散的即时观察"穿木屐的孩子的响板节奏"产生了这样的效果,被如此广泛地接受,倘若有人,即便他从未读到过这样的话,觉得这种观察是自己的原创思想,那还真是不可思议。

〈1911年〉10月2日

无眠的夜晚。已经是连续第三天了。我入睡得不错,但一个小时后就醒来,仿佛我把头塞进了一个错误的洞穴里。我完全清醒,没有一点儿睡着的感觉,或者只是睡在薄薄的皮肤下面,入睡的任务重新出现在我面前,感觉自己被睡眠拒绝。从现在开始直到将近凌晨5点,一整夜都是这样,我虽然睡着,但同时激烈的梦境使我保持清醒。严格意义上讲，我睡在自己的身边，而我自己必须与梦境纠缠不休。接近5点，我最后的一丝睡意也被消磨殆尽，我只是做梦，这比清醒更让人疲惫。简言之，我整晚都在这样的状态中度过，即一个健康的人在真正入睡前片刻时所处的状态。当我醒来，所有梦境都会聚集在我周围，但我避免让自己去细想。拂晓将近，我在枕头上叹息，因为对这一整夜来说，一切希望都消逝了。我想起那些夜晚，在夜晚的尽头，我被从沉睡中抬起，我醒来，仿佛曾被关在一颗坚果里面。今天夜里有个可怕的现象，一个盲童，看上去像是我在利托梅日采的阿姨的女儿，但肯定不是女儿，因为她只有儿子，其中一个儿子曾经摔折了脚。不过这个孩子和马施纳博士的女儿有关系，博士的女儿，正如我最近看到的，正在从一个漂亮的小孩变成一个肥胖的、穿着呆板的小姑娘。这个盲童或者说视力不好的孩子双眼被一副眼镜罩着，左眼离镜片相当远，呈奶灰色，圆形凸出状，另一只眼后缩，被一只贴在上面的眼镜遮盖。为使这副眼镜真正起到调节视力的作用，有必要替换掉那种常见的从耳朵上绕回来的镜腿，用一根细杆，细杆的顶端无法固定，只能安在颊骨上，这样一来，一根杆子顺着镜片向下延伸至面颊，在那儿刺穿进肉之后就看不见了，穿到骨头的位置便停止，同时，一根新的金属细杆伸出来，绕回到耳朵上面。——我相信，这失眠只因我写作而产生。因为我写得那么少，那么糟，却只能被这些小小的震撼所感动，我感受到痛苦，特别是在接近夜晚的时候，但是在早晨这痛苦会更多，我感受到近乎将我撕裂的极端状态的可能性，这种状态或许让我无所不能，也让我在一般的喧闹里得不到安宁，这种喧闹存在于我内心，我没时间对它下达命令。最终，这种喧闹只是一种被压抑、克制的和谐，它被释放出来，完全将我填满，甚至还把我引向远方，然后再将我填满。但是现在对我而言，这种状态带来的除了微弱的希望之外，就只有伤害，因为我的存在还没有足够的接受能力，去忍受现在的混杂之态，白天有看得见的世界帮助我，夜晚我的存在却毫无阻碍地将我剪得粉碎。与此同时，我总是想到巴黎，想到巴黎被围困的时候，以及后来的公社，这对那时的巴黎人意味着，来自北部和东部郊区的外来人口在当时接连数月，更确切地说是每时每刻，穿过四通八达的街巷，像时钟的指针一样，摇摇晃晃地向巴黎的中心移动。

我的安慰是——我现在伴着这种安慰睡下——我不写作已如此之久，因而这写作不能被纳入我目前的生活之中，然而若有点男子气概，想必这写作至少会暂时获得成功。

今天我是如此虚弱，虚弱到甚至向我的上司讲述了那个孩子的故事。——现在我回忆起来，梦里的那副眼镜出自我母亲，晚上她坐在我身旁玩纸牌的时候，从她的夹鼻眼镜下面朝我看来，神情不是很愉悦。她的夹鼻眼镜甚至也是右边镜片比左边镜片离眼睛更近，这我以前应该注意过，现在想不起来了。

〈1911年〉10月3日

还是同样的夜晚,只是更难以入眠。在入睡时,头部一阵垂直走向的疼痛感越过鼻梁,就像一条被猛烈挤压的抬头纹造成的疼痛。为了尽可能沉沉睡去,我将双臂十字交叉,并将双手放在肩上,这样一来,我就可以像一名全副武装的士兵一样躺在那儿,这样或许对入睡有益。我梦境的力量又出现了,它在入睡以前就已经用光芒照亮了清醒,它让我无法睡觉。无论在夜晚还是清晨,这种对我诗情画意能力的意识都是难以控制的。我感到自己从头到脚都得到了放松,而且只要我想要什么,就能从自己身上挖掘出来。如此诱发这种力量,然后不允许这种力量发挥作用,让我想起了我跟 B.[①] 的关系。这里也有倾泻欲,无法得到释放,只得在反噬中消亡,区别仅在于,这里牵扯到更为神秘的力量以及我的结局。

在约瑟夫广场上,一辆大型旅游大巴载着紧紧挤坐在一起的一家人从我身边驶过。在这辆大巴后面,一阵巴黎的风夹杂着汽油味儿拂过我的脸庞。

---

① 根据 Anthony Northey 的研究,这里的 B. 指的是卡夫卡家过去的女家庭教师 Louise Bailly(1860—1942)。——译者注

在办公室里给辖区的一个主管行政部门口授一则较长的通告。在最后应该奋力一搏的时候，我停住了，除了打字小姐凯泽之外什么也看不见，她循着往常的习性，显得特别活泼，推动她的椅子，咳嗽，在桌子上到处敲打，就这样让整个屋子的人注意到了我的不幸。渴望得到的灵感现在也有了这样的价值，即它能让她安静下来，而且它的价值越高，就越难被发现。最终，我得到了"严厉谴责"这个词和与之相应的句子，但由于厌恶感和羞耻心，所有话都还留在嘴里没说出来，像把一块生肉从我身体里割走时一样（这费了我好些力气）。终于我说出了这些话，但却怀着极大的恐惧，怕我心里已经为诗情画意的工作做好了一切准备，这样的工作对我而言是一种美妙的释然，让我真正变得有生命力，而在这里的办公室，我却不得不为一段如此可悲的公文，从如此幸运且有能力的身体上剜去一块肉。

―――――――

〈1911年10月〉4日

我感到不安，并且怀有恶意。昨天在入睡之前，我脑袋的左上方闪烁着一束冰冷的火苗。我的左眼上方已经习惯了紧绷状态。如果就此思考，那么在我看来，就算有人告诉我，我将在一个月之后获得自由，我也无法忍受待在办公室里。不过，我在办公室的大多数时间里履行自己的职责，当我能确保让我的上司满意，并且不认为自己的状态难以容忍时，我颇为平静。顺便提一下，昨天晚上我故意让自己懒散了一会儿，散了散步，读了读狄更斯的作品，然后就变得健康了许多，也将悲伤的力量抛在脑后。我把这悲伤看作是合理的，即便它似乎把我的一些东西推向了远处，而这些东西是我睡好觉所需要的。睡眠也有点更深了，但还不够，而且常常中断。我安慰自己说，虽然我内心早已存在的这种巨大波动被再次压制住了，但我还不想像过去那段时光那样总是放弃自己，我想对那种波动的后果保持清醒的认识，这是我以前从未做过的事。也许我能在自己身上发现这样一种隐藏的坚韧。

黄昏时分，在黑暗中，在我房间的长沙发上。人为什么需要较长的时间来辨认颜色，然后当认知发生决定性转变之时，立即对这种颜色愈发深信不疑。如果前厅和厨房的光线同时从外面照射到里面的玻璃门上，那么淡绿色的光线，或者为了不削弱这种可靠的印象，再说得确切一些，绿色的光线几乎完全倾泻在玻璃上。如果把前厅的光线转开，只留下厨房的光线，那么靠近厨房的玻璃就呈深蓝色，其他玻璃呈几乎发白的蓝色，颜色那么浅，以至于磨砂玻璃上面的图案（抽象的罂粟头、藤蔓卷须、各种四角形和叶子）都消融了。——街上和桥上的电灯照在下面墙壁和屋顶上的光和影杂乱无章，一部分被破坏了，相互交织着，很难辨识。在下方安装弧光灯以及在装修这间屋子时，没有从家庭主妇的视角考虑，如果我的屋子没有自己的屋灯，那么此刻从长沙发上看，我的屋子会是什么样。——下面行驶的电车向上射向屋顶的光芒有些泛白，飘忽不定，而且

沿着一面墙和一个边缘断裂的屋顶机械地断断续续。——地球仪立在街灯反射过来的第一缕明亮的光线里，立在上面闪烁着浅绿色纯净光芒的洗衣筐上，它的球体上有一个亮点，对它而言，光线似乎显得过于强烈，尽管如此，那道光线掠过了它光滑的表面，给它留下了一抹浅褐色，像皮质苹果的颜色。——来自前厅的光线把一大片亮光投向床上方的墙面，这亮光被限制在从床头伸出的一条弧线里，看上去像是把床压低，把深色的床柱加宽，把床上方的屋顶抬了起来。

〈1911年10月〉5日

几天以来第一次感受到过去的烦躁不安。我的姐姐令我愤怒，她径自走进我房间，拿着一本书坐在桌旁；我期待着下一次有小小的机会来发泄这次的怒气。最后，她从盒子里拿出一张名片，在牙齿间剔来剔去。盛怒之下，我的脑子里只剩下熊熊怒火，随着怒气发泄出来，开始感到轻松和自信，我开始写作。

昨天晚上，萨沃伊咖啡馆。犹太人的圈子——克卢格女士"男性模仿者"。穿着长袍，黑色短裤，白色长袜，从黑色马甲下面露出的白色薄羊毛衫，在脖子前方用一颗线制纽扣系着，然后裹进一个宽松的露出很长一段的衣领里。在长满女性头发的头

上，必要时她的先生也会留这种发型，是一顶深色的无边小便帽，再往上是一顶又大又软的黑色帽子，帽边向上卷起。——我终究还是不知道，她和她先生扮演的是什么样的角色。倘若我想跟某个人描述这个角色，但又不想承认自己的无知，那么我就会把这个角色当成教区的仆人、寺庙的雇员、无人不知的懒汉，教区供养着他们，以及出于宗教的原因受到某种优待的乞讨者，由于孤立的地位正好在教区中心附近的人们，他们像监工一样毫无意义地四处瞎晃，因此知道许多歌曲，对教区所有成员的关系了解得相当清楚，但由于他们与职业生活脱离了关系，因而不知道用这些知识来做什么，他们是以一种特别单纯的形式存在的犹太人，因为他们的生活里只有宗教，没有辛劳，没有理解，没有苦恼。他们似乎把每个人都变成了傻瓜，在谋杀了一个贵族犹太人之后立刻大笑，他们把自己出卖给叛徒，当谋杀者被揭穿、服毒自杀并召唤上帝时，他们愉快地将双手放在鬓发上跳起舞来，这一切都是因为他们如此轻贱、敏感，稍有压力就往地上一躺，干枯的脸立刻流下眼泪（他们哭起来一脸怪相），然而，压力刚一消失，一定会不费吹灰之力立刻跳得老高。因此，他们肯定会给一部严肃的戏剧制造许多麻烦，如拉泰纳的《叛教者》，因为他们总是整个身体在舞台上，常常踮起脚尖儿或双腿站立在舞台前的空间，不去理解戏剧里激动人心的地方，反而将其摧毁。可是现在，这段严肃的戏剧以如此完整的，甚至连可能的即席创作也经过仔细权衡的、被一样的情感牵动的语言进行着，所以即便情节只是在幕后展开，它的意义也总是能保留下来。更确切地说，这两个人在长袍里处处被压抑，这符合他们的本性，尽管他们张开双臂，打着响指，人们只看得到后面的谋杀者，他藏着毒药，一只手放在他那确实太宽的领子上，蹒跚着朝门走去。——曲调悠长，身体欢喜地随之舞动。在刚刚过去的一段演奏里，通过臀部的摇摆，手臂在平静的气息中上下摆动，手掌向太阳穴靠近，以及小心翼翼避免和别人的碰撞，这些曲调得到了与之相符的最佳诠释。这让人想起"斯拉帕克"①。——这个女人站在台上，伴随着一些乐曲，说出"犹太人的孩子般的笑声"这几个词，在这个女人的注视下，她吸引着我们这些观众的注意力，因为她是犹太人，因为我们也是犹太人，她无须对基督徒表示期盼或好奇，这时一阵战栗拂过我的脸颊。这位政府代表，也许除了一个男佣和站在舞台左边的两个女佣之外，是大厅里唯一的基督徒，他是个可怜人，患有面部痉挛，左半边面部情况尤其严重，并严重扩散到右半边，这张脸以几乎难以察觉的速度，我的意思是像秒针那样短暂，并且有规律地抽紧和展开。当它到达左眼上方时，就几乎要消失了。在这张几乎要全部松垮掉的脸上，这种抽紧动作滋生出了小而健康的新肌肉。——对犹太教法典旋律的详细询问、召唤或解释：空气流进管子里并带走这根管子，为此，一根整体很粗壮、弯曲处很细小的巨大螺杆，从远处的小端头开始，转向被询问的人。

〈1911年10月〉6日

前面的这两位老头子坐在靠近舞台的长桌旁边。其中一人

---

① 一种捷克民间舞蹈。——译者注

两只胳膊撑在桌子上，只把他那张红肿的脸抬起来朝右转向舞台，在杂乱的四角形胡须下，他的年龄也被悲哀地隐藏了起来，而另一个正面朝向舞台的人，合乎他年纪的干枯的脸被桌子挡住，只用左胳膊倚着桌子，右胳膊在空中保持弯曲状，为了更好地享受这乐曲，他的脚尖追随着旋律，右手中的短烟斗虚弱地任由旋律带动。"现实生活，一起唱起来吧，"这女人一会儿朝第一个老头，一会儿朝第二个老头喊道，同时微微弯下身子，双臂催促地向前伸去。

——这旋律适合抓住每个跳起来的人，并且拥抱他全部的热情，而不是将热情撕碎，就算有人不愿相信这旋律能带给人这样的热情。尤其是这两位穿长袍的人，他们匆匆赶去唱歌，似乎能让身体按照其最本质的需要得到伸展，而且在唱歌的时候拍合双手，显然表现出人们在角色中最舒适的状态。——店主的孩子们在一个角落，在舞台上也是那个克卢格女士的孩子，他们跟着一起唱歌，在噘起的嘴唇之间，满口都是这个旋律。

剧本选段：赛德曼，一个富有的犹太人，他所有罪恶的本性显然凝聚成了这个结局，他已在二十年前接受了洗礼，并在那时毒害了他的妻子，因为他的妻子不愿被迫接受洗礼。自那时起，他想方设法忘记这个隐语，这自然是他在说话时无意中带出来的，特别是开场时为了引起听众注意，也因为距离情节的靠近还有些时间，这个隐语总是表达出对所有与犹太人有关的事情的强烈反感。他把女儿许给了军官德拉戈米罗夫，可她爱的是她的堂兄，那位年轻的埃德尔曼，在一个盛大的场景中，她以一种罕见的宁可折腰的坚毅姿态和振奋人心的语气，向她的父亲解释道，她坚定地信仰犹太教，并以对她所遭受胁迫的轻蔑大笑结束整整一幕。（这段剧情中的基督徒是：赛德曼的一位听话的波兰仆人，后来为揭发他的主人做了贡献，听话首先是因为要在赛德曼身边收集罪证，这段剧情除了描述那位军官的债务之外，很少再有他的情节，因为他是高贵的基督徒，没人对他感兴趣，同样不受关注的是后来出演的法庭庭长和最后出现的法庭随从，他们的凶恶没有超出他们的角色要求，也没超越那两位穿长袍人的风趣，尽管如此，马克斯称他们是大屠杀者。）然而，无论出自什么原因，只有激发德拉戈米罗夫做出转变，他才能结婚，这一转变掌握在老埃德尔曼的手中，而老埃德尔曼并没有给他转变的机会，即便如此，他还是准备动身前往巴勒斯坦，赛德曼还是想用现金支付他的路费。这位女儿在迷恋她的军官面前很是傲慢，吹嘘自己的犹太教，即使她已经接受了洗礼，这位军官不知道该怎么办，两臂瘫软，双手交叉耷拉在下面，求助地看着那位父亲。这位女儿逃向埃德尔曼，她要跟这个爱人结婚，就算是暂时秘密结婚也可以。因为按照世俗规定，犹太人不能和基督徒结婚，她显然得不到她父亲的许可，因而不能转为皈依犹太教。这位父亲来了，他看得出来，如果不用计谋，就会失去一切，他表面上还是给这对新人送去了他的祝福。所有人都原谅了他，甚至开始爱上他，仿佛过去做错的是他们，甚至连老埃德尔曼也有这样的感觉，而且他尤其有这种感觉，即便他知道赛德曼毒死了他的妹妹。（这个漏洞也许是由删节引起的，但也可能是因为这出戏主要靠从一个剧团向另一个剧团口头传播所致。）通过这样的和解,赛德曼首先实现了德拉戈米罗夫的转变,因为,"你知道,"他说,"我不想看到这位德拉戈米罗夫说犹太人的坏话,"埃德尔曼白白地把她给了他,然后赛德曼把埃德尔曼叫到幕后的帘子旁,假装给他看什么东西,同时从后面刺穿他的睡袍,向他的背部刺进致命的一刀。(在和解与谋杀的时间差中,赛德曼从舞台上离开了一段时间,是为了想出这个计划和买这把刀。)他想要通过这个计划把年轻的埃德尔曼送上绞刑架,因为必须让嫌疑落到他的身上,而且她的女儿对德拉戈米罗夫来说也是自由之身了。他逃走了,埃德尔曼躺在门帘后面。女儿戴着新娘面纱出现,胳膊挽着年轻的埃德尔曼,他穿着祷告服。很遗憾,正如他们所见,这位父亲还没到场。赛德曼过来,看起来因看到这对新人而感到幸福。这时一个男人出现,好像是德拉戈米罗夫。

〈1911年〉10月8日

有人声称要搜查房子,这人可能只是扮演搜查者,其实是一名我们不认识的侦探。"因为在这个房子里人的生命没有保障。"赛德曼:孩子。你们别担心,这当然是个误会,显然是这样。一切自会澄清。埃德尔曼的尸体被发现了,年轻的埃德尔曼被他的爱人抓住并逮捕。这整整一幕剧下来,赛德曼以极大的耐心和强调得非常到位的简短说明指导着(是的,是的,挺好。不过这是错的。是的,这已经好多了。当然,当然。)穿长袍的这两位,教他们如何在法庭上为老埃德尔曼和年轻埃德尔曼之间所谓的多年仇恨作证。他们进展得很艰难,有许多误会,就这样,他们在一个即兴预演的法庭场景里站出来并解释道，赛德曼委托他们用如下方式描述这件事情，直到他们最终完全进入那种仇恨里，以至于他们甚至，——赛德曼没法再阻止他们——能够展示这场谋杀是如何发生的，这个男人是如何用一个新月状小面包捅死妻子的。这显然又有点画蛇添足，尽管如此，赛德曼对这二人依然足够满意，并且期待在他们的帮助下官司能有一个好的结果。在这里，无须刻意说明，上帝理所当然会亲自代替这位畏缩的作家，为这些虔诚的听众介入此事，打击这个蒙着面具的恶人。在上一幕里，这位永远的德拉戈米罗夫扮演者又以法庭庭长的身份坐在那里（这里也表现出对基督徒的蔑视，一名犹太演员可以足足饰演三个基督徒角色，就算他演得不好，也没什么关系），他旁边留着浓密头发和髭须的辩护律师很快就被认出是赛德曼的女儿。虽然人们很快认出她来，但考虑到德拉戈米罗夫，人们在很长一段时间里只把她当作是演员的替身，直到接近这一幕中间才明白，她为了救自己的爱人乔装打扮了。这两位穿长袍的人应当各自作证，但这对他们而言太难了，因为他们已经两人一起演练过了。此外，他们听不懂庭长的标准德语，当然如果情况太过糟糕，辩护律师也会帮助庭长，即使得要对他低声耳语。接着，赛德曼来了，之前他已经试图通过扯衣服的动作指挥这两个穿长袍的人了，他通过流畅且坚定的讲话，通过他理智的举止，通过对法庭庭长的正确的致辞，给前几位证人留下了一个好印象，这印象和我们了解的他形成了可怕的对照。他的证词相当空洞，可惜他对此所知甚少。现在上来的是最后一位证人，那位仆人，其实是赛德曼的指控者，他自己却没有意识到这一点。他看到了赛德曼买刀的经过，他知道赛德曼在一个关键时刻在埃德尔曼身边，最后，他还知道赛德曼憎恨犹太人，尤其是埃德尔曼，并且想要他转变信仰。这两位穿长袍的人跳了起来，幸运的是，一切都得到了证实。赛德曼替自己辩解，说自己是有点迷惘的正人君子。这时话题转到他女儿身上。她在哪儿？当然是在家，而且会为他作证。不，她不会这么做，辩护律师如是说，并且想要证明这一点，于是她转向墙壁，摘下假发，以他女儿的身份转向错愕的赛德曼。当她取下髭须时，那纯白色的上唇看起来带有惩罚的意味。赛德曼拿起了毒药，以逃避世间的正义，他承认了自己的恶行，但不是向那些人，而是向他现在信仰的犹太教的神。这时，钢琴演奏者弹奏了一段乐曲，两个穿长袍的人受到感动，情不自禁开始跳舞。站在幕后的那对结合的新人，特别是那位严肃的新郎，按照古老的寺庙习惯跟着唱起这首乐曲。

首先上场的是两位穿长袍的人。他们拿着给寺庙用的募捐箱走进赛德曼的房间。四下张望，感觉不自在，你看看我，我看看你。手沿着门柱摸过去，没发现门柱经文盒。在另一边的门上也没发现。他们不愿相信这个事实，来到不同的门旁边，跳到高处，敲打门柱，就像抓苍蝇一样，一会儿蹿上，一会儿落下，不断地爬到门柱上方，发出拍击的声音。可惜一切都是徒劳。到现在为止他们一个字也没说。

克卢格女士和去年的魏因贝格女士之间有相似之处。克卢格女士的脾气可能更娇弱和单纯一点,这让她看上去更美丽,更大方。魏因贝格女士总是幽默风趣,用她的大屁股撞向一起演出的人。此外,她身边有一个不怎么样的女歌手,这对我们来说是颇为新鲜的。

男性模仿者原本是一个错误的称谓。她把自己罩在长袍里,这样她的身体就被完全遗忘了。只有通过耸肩和向后转的动作,这看起来好像被跳蚤叮咬,人们才能想起她的身体。即便袖子很短,这位观众也要不时地往上拉一小截,以此使这个既能把那么多歌曲唱出来,也能用犹太教法典的方式加以解释的女人获得一种极大的轻松感,当然他也留意这样是否有效果。

希望看一场盛大的意第绪语戏剧,因为这种演出可能有人员少以及排练不准确的问题。还希望了解意第绪语文学,它显然被赋予了一种民族斗争持续不断的观点,这也决定了每一部作品都有这种观点。可以说,任何文学作品,哪怕是最受压迫的民族的文学作品都无法按照这种普遍适用的方式持有这种观点。这种民族战斗文学的兴盛,也许出现在其他斗争年代的民族中，其他远离此话题的作品在观众的鼓舞下获得了这种意义上的民族外衣，譬如《被出卖的新娘》，不过，这里似乎只有第一类作品经受住了持久考验。

向演员与我们共同默默期待的简陋舞台瞥了一眼。因为这个有三面墙、沙发和桌子的舞台，必须满足所有剧情需要，我们对舞台本身没有任何期待，我们全心全意地对演员抱有更多期待，因此毫无抵抗力地被这几面空墙后面的歌声吸引了，这场演出伴着这歌声开始了。

1911年10月9日

倘若到了四十岁的年纪，我可能会跟一个老姑娘结婚，她的上牙突出，从上唇微微龇出来。曾在巴黎和伦敦待过的考夫曼小姐，她的上门牙相互挤挨着，就像在膝盖处草率地交叉起来的双腿一样。但我几乎活不到四十岁，这是因为，比如我左半边脑壳上时常有紧绷的感觉，摸上去就像里面有一颗脓包，当我不去计较不愉快的事情，并且只想观察它的时候，给我的印象跟在学校的教科书上看到头骨横截面时的情景一样，或者近乎像在活体上进行无痛解剖，有点冰冷的手术刀，操作得小心翼翼，常常停着不动，然后返回原处，有时静静地停下来，再进一步切开紧挨着正在运转的大脑局部的像叶片一样薄的皮层。

今晚的梦，我自己在早晨的时候还不觉得它美妙，除了由两个对立言论组成的一个滑稽争论场景之外，这场景带来了那种异乎寻常的梦的欢喜，而我已经把它忘了。我走着——马克斯是不是从一开始就在那里，我不知道——穿过有两三层楼高的一长排房子，就像从火车的一节车厢走到另一节车厢一样。我走得非常快，可能也因为有时候这房子很容易坍塌，因此得加快步伐。房子之间的门完全没有引起我的注意，倒是有一长排房间，从中不仅可以看出单个房间的不同，也可以看出房子之间的差异。我穿过的大概是纯粹只有床铺的房间。一种典型的床铺留在了我的记忆中，它立在我的左边，在昏暗或脏乱的、大约如阁楼状倾斜的墙壁旁，床上用品比较低档，上面的床罩原本也只是一个粗糙的麻布单子，被曾经睡在这儿的人用双脚踢得乱七八糟，一角向下耷拉着。在许多人还躺在床上时穿过他们的房间，这时候我感到害羞，因此，我踮着脚尖儿，迈着大步，希望以这种方式表明，我只是被迫穿过这里，我尽可能爱惜和温柔地对待一切，以便在穿行时完全不影响别人。所以，即使在同一个房间里，我也从不转过头去，要么只看右边通道里的东西，要么只看左边的后壁上有什么。这排住宅中间常常穿插着妓院，虽然看起来我好像是因为它们才走这条路的，但我特别迅速地穿过这里，因此除了它们的存在之外什么也没留意。然而所有住宅的最后一个房间又是一家妓院，而我留在了这里。我进去的那扇门对面的墙，也就是整排房子的最后一面墙，或者由玻璃组成，或者被完全打通，我要是再继续走，兴许就会掉下去。甚至它更有可能是打通了的，因为在地板的边缘躺着妓女，我清楚地看到两个人，其中一个人的头微微伸到边缘之外，在自由的空中向下垂挂着。左边是一面坚固的墙，对面右边的墙还没修完，人们可以向下往院子里看，虽然看不到它的地面，但可以看见一组摇摇欲坠的灰色楼梯则向下通往好几个地方。房间的灯关掉之后，天花板就像其他房间里的一样。我主要跟头向下垂挂的那位妓女有点关系，马克斯跟躺在她左边那位有关系。我抚摸了她的双腿，然后停在那边，有规律地按压她的大腿。我的愉悦感是如此巨大，因而感到惊奇，面对这样一种恰恰是最为美妙的娱乐，人们还一定什么都没有支付。我深信，我，我独自一人，欺骗了这个世界。接着，那妓女双腿不动，她上半身坐起来，转身背对着我，让我惊恐的是，她的背上有被火漆烫红的大圆圈，边缘发白，中间散布着红色斑痕。现在我意识到，她的整个身体布满这种印记，我的大拇指曾触碰过她大腿上的那些斑痕，这些红色斑点也留在了我的手指上，像碎裂的火漆印。我退回到一群男人中间，他们似乎静候在靠近熙熙攘攘的楼梯口的墙边，楼梯上有少量人来往。他们等待着，就像乡下的男人们在周日上午的集市里站在一起。而这天也是周日。这里也上演了这个滑稽的场景，一个令我和马克斯有理由惧怕的男人离开，然后上了楼梯，走向我，这时，我和马克斯带着恐惧的心情，等待他给我们带来无论哪种可怕的威胁，他向我提出了一个可笑而幼稚的问题。后来我站在那里，忧心忡忡地看着马克斯，在这个地方，他毫不畏惧地随意坐在左边地上，喝一碗浓稠的土豆汤，汤里的土豆看着像大圆球，有一颗特别像。他用勺子挤压这颗土豆，也许是用两只勺子伸进汤里，或者只是在翻动它。

1911年10月10日

给杰钦的博登巴赫报写了一篇关于赞成和反对该机构的诡辩文章。

昨晚在垄沟上。三个排练后出来的女演员迎面向我走来。想要快速通览三个女人的美丽是很困难的，况且还想看看她们后面的两个男演员，他们迈着极其摇摆的并且还算轻快的演员步伐走过来。这两个人超过了那些女演员，左边的人有一张年轻的、肉乎乎的脸，敞开的大衣裹着强壮的身体，足以体现这两人的性格特点，左边的男子在人行道上，右边的在下面的车行道上。左边的男子抓着上面高高的帽子，五根手指全部插了进去，把帽子举得老高，同时喊道（右边的男子现在才想起来）：再见！晚安！不过，当这两名男子在超越女演员们和向她们致意的过程中分开时，这些被问候的女人们由那位离车行道最近的女人带领，她看起来最羸弱，最高挑，但也最年轻，最漂亮，她们完全不为所动，用淡淡的问候回应着，几乎没有中断她们融洽的交谈，继续走着她们的路。这一切在我眼中是一个强有力的证明，说明当地的戏剧环境管理有序、领导有方。

前天在萨沃伊咖啡馆的犹太人那里。法伊曼的《萨依德之夜》。有时候，我们（眼下对这一点的意识掠过我的脑海）之所以不插手这个情节，只是因为我们太过于激动，而不是因为我们仅仅是观众。

1911年10月12日

昨天在马克斯那里撰写《巴黎日记》。在半明半暗的骑士胡同里，胖乎乎、热情的雷贝格穿着她的秋装，我们只在她穿着夏季衬衫和蓝色薄夹克的时候见过她，一个姑娘穿成这样，外表看上去并非无可挑剔，终究还是比裸体更令人厌恶。在这种情况下，人们会格外注意她毫无血色的脸上那颗硕大的鼻子，也许要用双手在这面颊上按压好长一段时间，它才会显现出一点红色，浓密的金色寒毛堆积在面颊和上唇上，铁路扬起的灰尘从鼻子和面颊间划过，衬衫领子里露出病态的白色。但是今天，我们满怀敬意地追随她，当我因为没刮胡子，穿着也有点褴褛不堪（马克斯恰恰非常好看，穿着黑色外套，面容白净，眼睛闪着光芒），因而不得不在费迪南德大街前的过道房屋入口道别时,才感到内心有一点点倾心于她的小火花。事后当我思考为什么这样时,我只能一直对自己说,因为她穿得如此热情。

1911 年 10 月 13 日

从我老板秃头上紧绷的皮肤到他额头上柔和的皱纹的过渡毫无美感可言。这是一种显而易见的、很容易复制的天然缺陷,纸币可不该做成这样。

对雷贝格的描述我认为并不成功,它本应该比我预期的更好一些,或者说,我前天对雷贝格的印象定是如此不完整,以至于这描述竟符合我的印象或者甚至超越了它。因为,当我昨天晚上走回家时,瞬间想起的一种描述不知不觉替代了最初的印象,而且我相信我是昨天才在马克斯不在场的情况下见到这位雷贝格的,所以我准备好对他讲述关于她的事情,正如我在此向自己描述她一样。

昨晚在苏岑岛,没找到我的同事,我立刻离开了。我穿着小夹克,手里拿着压皱了的软帽子,引起了一阵轰动,因为外

面很冷，这里却因为喝啤酒的人、抽烟的人和军乐队的吹奏者的呼吸而燥热。这个乐队的水平没有长进，也不可能有什么长进，因为这个大厅就非常低级，从大厅一端的尽头到侧面的墙壁之间挤满了乐队的人。这群乐队成员像是为此定制的一样，恰好挤在大厅另一端的尽头。接着，在大厅里这个拥挤的印象稍微减弱了一些，因为靠近乐队的地方颇为空旷，只是大厅的中心有点拥挤。

卡夫卡博士的唠叨。和他一起在弗朗茨-约瑟夫火车站后面转悠了两个小时，我不时地请求他让我离开，因不耐烦而交叉起双手，尽可能少听他唠叨。在我看来，一个在他的职业中做出好成绩的人，当他沉浸在讲述自己的从业经历时，一定会变得神志不清；他意识到了自己的才干，从每个故事中都可以发掘出一些联系，更确切地说是好些联系，他通览一切，因为他亲身经历了那些，他一定由于匆忙和对我的顾虑而隐瞒了许多事情，我通过提问打断了他对几件事情的描述，却因此把他引向了其他事情，借此让他知道，他也对我的个人思想产生了深远影响，他的人物在大多数故事中都扮演一个美好的角色，他只是暗示这种角色，通过这样的方法，没说出的部分就显得更加意味深长，然而现在很确信我对他的钦佩，所以他也能抱怨了，因为即便是在他的不幸、劳苦、怀疑之中，他依旧是值得钦佩的，他的对手也是能干的人，是值得描述一番的人，在

一家有四名助理和两名主管的律师事务所里，有一件诉讼案，在这件案子中，他独自与这家律所对峙，与这六名律师经历了几周的中心话题辩论。他们的最佳辩手，一名犀利的律师，与他针锋相对，这是最高法院安排的，这家法院的判决看起来很糟，还相互矛盾，我用诀别的语气说出了这个法庭的一条辩护线索，这时他拿出证据，证明这个法庭不能接受辩护，人们又不得不在这个窄道里上蹿下跳，我立刻惊异于这个法庭的恶劣行径，对此他解释道，为什么事情必须如此，这个法庭已经超负荷了，是什么原因，到底为什么，好吧，我必须离开，但是现在又说这个上诉法庭好多了，这个行政法庭甚至更好，是什么原因，到底为什么，最后我再也忍不下去了，这时他又试图提到我自己的事情，这也是我找他的原因（建立工厂），我们早就详细讨论过此事了，他不自觉地希望能用这种方式抓住我，并再次把我诱入他的故事中去。这时我说了些什么，但在说话的同时明确地挥手告别，就这样变得自由。顺便说一下，他的陈述非常精彩，在其中掺杂了对诉讼辩护书的精确延伸，语言生动，正如人们常在那些肥胖、黝黑、暂时还算健康、身材中等、靠持续吸烟保持兴奋的犹太人身上看到的那样。法庭术语中止了这个演讲。一些条款被列举出来，庞大的数量似乎将它们指向遥远的地方。每个故事都从头开始陈述，论述和驳论都得以表达，也被个人的插话硬生生动摇，没人会考虑的微不足道的事情会先被提及，然后顺带说一说并束之高阁，（"一个人，不管他的名字是什么，都是次要的事"——）听众会被亲自传唤、审讯，顺带也增加了故事的丰富性，有时听众甚至会被问到一个他也许完全不感兴趣的故事,当然这也是无用的审讯,只是为了建立一种暂时的关系,听众插入的评论不会被立刻引入,而是过一会儿在正确的位置才会被引入陈述进程,这令人恼火(库宾),把听众引入故事中,是对听众真正的谄媚,因为这赋予他们一个相当特殊的权利,在这里当听众。

1911年10月14日
昨晚在萨瓦。A.戈德法登的《苏拉米特》。原本是一部歌剧,但每一段演唱的部分都被称作小歌剧。这种小歌剧于我而言已然意味着一种固执己见的、极度匆忙的、也因错误的原因而火起来的艺术追求,它将一个偶然出现的流派中的欧洲艺术切断。这则故事:一位英雄拯救了一位姑娘,她——"我祈求您,伟大的、强大的上帝"——在沙漠中迷失了方向,因为口渴难耐坠入一口井里。他们在那口井和一只红色眼睛的沙漠之猫的召唤下,发誓要对彼此忠诚(在沙漠中发现对我忠诚的人、我最心爱的人、我的珍宝)。这个姑娘,苏拉米特(奇西克女士),被辛吉坦这个阿布索隆(派普斯)的野蛮仆人,带回到伯利恒她父亲莫诺亚赫(奇西克)那里,而阿布索隆(克卢格)还会进行一次耶路撒冷之旅;但是在那里,他爱上了一位耶路撒冷的富家女阿维盖尔(克卢格),忘记了苏拉米特,他结了婚。苏拉米特在伯利恒的家中等待着她的爱人。"许多人去了耶路撒冷,就一去不复返。""他,那位高贵的人,要对我不忠!"她通过绝望的爆发获得了一种掌握一切的自信,并下决心装疯卖傻,这样就不必结婚,也能继续等待。"我的意志如钢铁,我把我的心筑成堡垒。"她装疯卖傻许多年,用悲痛欲绝和大吵大闹的方式享受着对爱人的回忆,所有人不得不容忍这一切,因为她的疯狂只与那片沙漠、那口井和那只猫有关。她用这股子疯劲儿赶走了她的三个追求者,莫诺亚赫只能用举办抽奖活动的方式来应付这几个人:约夫·格东尼(乌里希)"我是最强的犹太英雄",阿维达诺夫,大庄园主(R.派普斯)以及大腹便便的神父纳旦(勒维)自认为比所有人都高贵,"把她许配给我吧,我会为她而死"。阿布索隆是不幸的,他的一个孩子被一只沙漠之猫咬死了,第二个孩子掉进了井里。他回忆起自己的罪责,向阿维盖尔坦白了一切。"克制你的眼泪。""不要再说下去了,你的话撕裂了我的心。""只可惜,我所说的这一切只是一方面。"几个思维圈围绕他们俩形成,随即消失。阿布索隆应该回到苏拉米特身边,并离开阿维盖尔吗?苏拉米特也值得怜悯。最终阿维盖尔离开了他。在伯利恒,莫诺亚赫向他的女儿抱怨:"痛苦啊,我的晚年。"阿布索隆用他的声音治愈她。"其他的事情,父亲,我迟一些就会说给你听。"阿维盖尔在耶路撒冷的葡萄园那里沉沦下去,阿布索隆能够用来辩解的只有他的英雄气概了。

在演出结尾,我们还期待演员勒维出场,我想在尘土中向他表达钦佩之意。他应该像往常一样"打广告"。"亲爱的客人们,我以全体成员的名义向你们的到来表示感谢,并衷心邀请

您来观看明天的演出,届时将上演世界著名作品,来自××的××。再会!"挥帽离去。与此不同,我们看到的是大幕紧闭,然后又试探性地被拉开一条小缝。这持续了相当长时间。最后,幕布大开,中间被一颗纽扣绑在一起,我们看到幕后的勒维迈向台前,脸转向我们这些观众,同时用双手挡住某个从下面袭击他的人,直到整个大幕连同它上面的固定钢丝一起被勒维突然给扯下来,他本想找个支撑点来着,然后我们眼睁睁看着勒维曲着膝盖,被那个曾饰演野蛮人,而且仿佛幕布还开着似的依然弯着腰的派普斯抓住,被他硬生生用头从舞台上撞到旁边的台下去了。拉起幕布!人们冲着几乎一览无余的舞台上喊道,舞台上,奇西克女士那张苍白的苏拉米特面容,那样令人惋惜地站着,小个子的服务员们站在桌子和沙发上,在半道上把幕布整理得像模像样,老板试图安慰那位政府代表,他本一心想离开,却被老板的努力安慰留住了,在幕布后面,人们听见奇西克女士说:"这种情况下,我们要从舞台上向公众宣讲道德……";犹太人公务员协会"未来"接手了明天晚上的指挥权,并在今天的演出之前召开了一次正式的全体大会,鉴于这次意外事件,决定在半小时内召开一次特别会议,协会的一名捷克成员预言,演员们会因为这次出丑行为而彻底覆灭。这时,人们突然看见勒维,他仿佛消失了一样,被领班罗比切克用双手,或许也用了膝盖,向一扇门推过去。他可能被直接扔了出去。这个领班,不管是以前还是以后,都像条狗似的站在每个顾客面前,在我们面前也是如此,他那狗一样的鼻子垂挂在被深深的皱纹包围的大嘴上面,把他的……

1911年10月16日

昨天,疲惫的星期天。全体人员向那位父亲请辞了。他曾凭借美好的说辞、诚恳的态度、疾病的影响,他高大的身材和过去的壮硕、他的经验、他的聪慧,在公共的和私人的谈判中几乎战无不胜。一位重要的办事员弗朗茨想要点考虑的时间,考虑到周一,因为他已经许诺我们的经理,那位经理离开的同时想把所有人员争取到他即将建成的新商铺去。星期天,这位会计员写道,可是他也不能留下来,那个罗比切克不让他说出来。我开车去济之科夫找他。他年轻的妻子脸颊圆乎乎,脸型略长,鼻子娇小而粗糙,这些好像绝不会破坏捷克人的脸。一件过长的、非常宽松的、有花朵图案和斑纹的晨袍。这件晨袍之所以特别长,特别宽松,是因为她为了招呼我,行动特别匆忙,最后的点睛之笔是把相簿摆在桌子上合适的位置,然后消失不见,这是为了让他的丈夫能拿到它。这位丈夫的动作一样匆忙,也许是从那位他非常依赖的妻子那儿模仿来的,前倾的上身晃动得非常厉害,下半身却明显停着不动。对一位十年前就认识、常常看见却很少打量的人的印象,突然间使人和他的关系更近了一些。我用捷克语劝说得越是不成功(实际上他已经和罗比切克签了一个合同,只是因为星期六晚上被我的父亲搞得那么惊愕,才没提到合同的事),他的脸就越像只猫。接近尾声时,我有一点假装感觉很愉快的样子,就这样用有点拉长的脸和眯起的眼睛默默地在房间里四处张望,仿佛在搜寻什么莫可名状的暗示。然而很不幸,当我看到收效甚微的时候,我必须重新开始插嘴打断他,免得他用一种新的语气来同我攀谈。

谈话从街道另一边住着另一个图拉赫开始，以在门边惊叹大冷天我的衣服如此轻薄结束，标志着我最初的希望和最后的失败。不过，我让他承诺下午去那位父亲那里。我的论证在有些地方过于抽象和拘泥于形式。错在没把那个女人叫进房间。

为了挽留那位办事员，下午去了拉多丁。因此错过了和我一直想念的勒维碰面的机会。在车厢里：那位老妇人的鼻尖有着近乎年轻人般紧致的皮肤。难道说青春在那个鼻尖上结束，而死亡从那里开始？乘客们吞下的酒，顺着脖子滑下去，他们的嘴巴咧得宽宽的，这标志着他们对这次火车之行、其他乘客、他们的座位次序、车厢里的温度，甚至是我腿上放着的那本有几个人不时地盯着看（因为这毕竟是他们在车厢里不可能预料到的东西）的小册子《潘》，做出的评价是无可指摘、自然而然、无可怀疑，同时他们还相信，这一切本来可能会更加令人不快。一只狗在哈曼先生的院子里上蹿下跳，将一只爪子放在我抖动着的那只脚尖上。孩子，鸡，有时还有成年人。一位有时在门廊上弯着身子或者藏在门后的保姆对我产生了兴趣。我不知道在她眼中我现在是什么样子，是否冷淡、害羞、年轻或年老、狂妄或可亲近，双手放在身后还是身前，是冷还是热，是动物爱好者还是商人，是哈曼的朋友还是来求他的人，是比那些有时候在一个不间断的弯道上从会场到男厕所，然后返回会场的参会人员更为优越，还是因为我轻薄的衣服而显得可笑，

是犹太人还是基督徒，等等。踱来踱去，擦拭鼻子，有时读一读《潘》，目光羞怯地避开门廊，却突然发现门廊是空的，盯着家禽看，接受一个男人的致意，透过酒馆的窗户看到那些男人，他们面向一位演讲者，肤浅的脸歪歪斜斜靠在一起，这一切都有助于她对我做出评价。哈曼先生不时地从会场中出来，他对那位由他介绍给我们商铺的办事员具有影响力，我请求他将这影响力为我们所用。棕黑色的胡子，布满了面颊和下巴，黑色的眼睛，眼睛和胡子之间的面颊颜色发暗。他是我父亲的朋友，我从小就认识他，以为他是咖啡烘焙员，所以我心中的他一直比他的真实形象更深沉，更有男人味儿。

1911年10月17日

我什么事都没干成，因为我没有时间，而且我的内心感到紧迫。倘若一整天都无事可做，也许早晨的这种不安直到中午都在我身体里不断加剧，直到晚上我感到筋疲力尽，然后才能睡觉。但是，这种不安最多只能在黄昏时分持续片刻，它会有所加剧，然后被抑制住，并为我撬开夜色的大门，徒劳且有害。我还要忍受很久吗？忍受他有什么目的吗，我究竟会不会有时间呢？

———————

每当我思考这桩逸事时：拿破仑在埃尔福特的宫廷宴席上讲道，当我还只是第五军团里的一名中尉时……（威严的皇室成员们窘迫地看着彼此,拿破仑意识到了这点,并纠正了自己)当我有幸还只是一名中尉时……我脖子上的静脉就会因为容易产生共鸣的、不自然地侵入我身体里的骄傲而偾张。

继续讲在拉多丁的事:接着,我独自挨着冻在园子的草地上来回转悠,然后透过一扇开着的窗户发现了那个保姆,她在同我一起顺着房子的这一侧漫步——

〈1911年10月〉20日

18日在马克斯家,写了关于巴黎的事。写得很糟,根本没有进入描写本该有的自由之境,这种描写可以把一个人从他的经历中解放出来。昨天以勒维的演讲结束,受到昨天的巨大鼓舞之后,我也变得昏昏沉沉。这一天,我没有异常的情绪,和马克斯一起去接了他从亚布洛内茨过来的母亲,和他们一起去了咖啡馆,然后在马克斯家,他为我表演了《珀斯的姑娘》中的一段吉卜赛人舞蹈。舞蹈中很长一段就只是臀部随着单调的嘀嗒声摇摆,以及脸上缓缓地显露出热情。直到接近尾声的时候,内心被引诱出来的狂野来得又急又迟,它摇动身体,驾驭身体,压缩旋律,以使它铿锵有力(尤其可以从中听出苦涩、阴郁的音调),接着来了一个不引人注意的结尾。在最初和整个过程中,对吉卜赛文化强烈的亲近感是始终存在的,也许是因为一个民族在舞蹈里如此狂野的一面只有在朋友面前才会展示出来。第一支舞蹈给人留下的印象极具真实性。接着翻阅《拿破仑语录》。人们是如此容易瞬间成为自己对拿破仑的惊人想象的一小部分啊！然后，我热血沸腾地回到家，我无法承受我的任何一种思想，它们杂乱无序，意味深长，纷繁芜杂，浮夸不堪，在围着我转动的家具中间，满载着我的苦难和忧愁，尽可能占据大量空间，因为不管我的空间有多大，我还是非常焦虑，然后我进入了演讲大厅。从这样的姿态中，例如我是坐着的，是真真切切地坐着的，也许我能立刻认识到自己是一名观众。勒维读了肖洛姆·阿莱赫姆的幽默小说，然后读了佩雷斯的一则故事，比亚利克的一首诗（诗人在这里只是为了推广他那首为犹太人的未来而利用了基希讷乌大屠杀的诗歌，才屈尊将希伯来语转化为土语，并亲自把他的原版希伯来语诗歌翻译为土语），罗森菲尔德的那部《售灯女郎》。观众们自然而然反复瞪大的双眼，现在就这么停住片刻，被高耸的眉毛围住。整个朗诵有绝对的真实性；虚弱地从肩膀上抬起右臂，推了推借来的夹鼻眼镜，它看上去完全不适合架在那个鼻子上；桌下的腿伸展的姿势，特别凸显大腿和小腿之间无力的关节的活动；弯曲的背部看上去虚弱又可怜，不过观察者看着这个千篇一律的背部，是不会在判断上受到欺骗的，就像在观察脸部时，无论是通过眼睛、面颊的凹面和凸面，还是通过每个细节，就算是通过短髭来观察，也一样不会被欺骗。朗诵之后，我已踏上回家的路，感觉一切能力被聚合在一起，因此向我的姐妹们诉苦，甚至在家里向母亲诉苦。

19日，因为工厂的事情去卡夫卡博士那里。在签订合同时，理论上缔约双方一定会出现轻微的敌意。正如我用眼睛搜寻卡尔斯的脸，那张已经转向医生的脸。这种敌意在两个人之间更容易出现，否则他们就不会习以为常地重新梳理他们彼此的关系，然后对每个细节都感到不满。——卡夫卡博士的习惯是在房间里沿对角线走来走去，上身绷得紧紧的，像在沙龙上似的向前摇摆，同时讲述着什么，而且常常在一段对话结束的时候，把他的烟灰抖落到房间里分开放置的三只烟灰缸中的一只里面。

今天早晨在勒维和温特贝格那里。这位老板是如何做到用后背顶住他的靠背椅一边，来为他东欧犹太人的手势腾出更多空间和提供支撑。手势和面部表情的变化相互配合，相得益彰。有时他将二者结合起来，不是注视着他的双手，就是为了听众方便把双手停放在脸附近。他的语调中有庙曲的旋律，特别是在列举多个论点的时候，他让旋律像跨越不同的音域一样在指尖跳动。然后，在墓地旁碰见这位父亲和一位叫普赖斯勒的先生在一起，这位先生竟然抬起手让袖子稍微往后滑落一些，（他不想亲自动手把袖子往后捋）随着滑动中张开的手和展开的手指，在墓地中间做着有力的螺旋式动作。

我大概是病了,从昨天开始就感觉全身发痒。下午的时候,我的脸那么灼热而且显出不同的颜色,因而我在理发的时候感到害怕,害怕那位助手,他能不断地看到我和我镜子中的样子,我怕他会从我身上看出什么大病来。胃和嘴巴之间的连接部分有时也会难受,一个硬币大小的盖子要么上蹿下跳,要么停在下面向上辐射产生扩散、覆盖胸口和轻微压迫的效果。

继续讲在拉多丁的事:我邀请她走下来。最初的回答是严肃的,尽管如此,她仍带着那个到目前为止托付给她的姑娘向我走来,咯咯地笑着,故作媚态,从我们相识的那一刻起,她从未敢这样过。后来,虽然在下面的我和在上面敞开的窗子旁边的她都在挨冻,但我们在一起笑了很久。她把胸压在交叉的手臂上,显然曲着膝盖,将整个身体依靠在窗子的护栏上。那时她17岁,她以为我十五六岁,我们整个谈话都没有改变她的这个看法。她小巧的鼻子有一点歪斜,因而在脸颊上投下了不寻常的影子,然而这可能对我再次认出她没多大帮助。她并非来自拉多丁,而是来自胡赫勒(去往布拉格的下一站),她希望这一点不会被人忘记。接着同那位办事员一起散步,即使我没走那一趟,他可能也会留在我们的商铺里,在黑暗里,在公路上,从拉多丁出来,回到火车站。路的一旁一片荒芜,是一家水泥厂为满足对石灰的需求而滥用的土丘。老旧的磨坊。描述一棵白杨树，它的根须先倾斜插进地面，然后向四周扩散，它被龙卷风从地里连根拔起。那位办事员的脸：生面团似的泛红的肉附着在粗壮的骨骼上，看上去有些疲惫，但在其限度内看上去很结实。连语调也没有显露出对于我们在这里一起散步的惊讶。一大片原野被一家工厂谨慎地买下，暂时闲置在那里，它位于居民区的中间，只有局部被电灯强光照射的工厂厂房包围起来。月色皎洁，烟雾从一只烟囱里冒出来，因为光线充足，看起来像云朵一样。列车发出信号。老鼠在长长的路旁窸窣作响，这条路使这片原野纵横阡陌，是人们违背这家工厂的意愿踩出来的。

几个关于身心愉悦的例子，这我要归功于这个总体看来固然微不足道的写作：

星期一，16日，我和勒维在国家剧院欣赏《杜布罗夫尼克三部曲》。剧本和演出令人绝望。第一幕留在我记忆里的只有一座壁炉钟的美妙声响；法国人在窗前的演唱融入了《马赛曲》，这首音调先降低再升高的歌曲总是受到新人欢迎；一位身着黑衣的姑娘拖着她的影子，穿过夕阳西下时投在前排座位上的那道光。第二幕留在记忆里的只有一个姑娘娇嫩的脖颈，它从栗色衣服裹着的双肩当中伸出，在袖子隆起的部分之间展开，延伸至小小的头部，绷得紧紧的。第三幕留在记忆中的是压皱的皇袍、暗色的梦幻马甲，金色的怀表链斜穿过马甲，那是一位早期传教士年迈驼背的后人用的。别的就没有了。此外，L.向我坦白他得了淋病；然后，当我靠近他的头时，我的头发碰到了他的头发，我因为始终可能存在的虱子而感到害怕；这些座位票价很贵，作为一个不怎么乐善好施的人，我把钱花在了这里，而他还处在困境中；最终，他比我感受到的无聊更多一些。简言之，我再次证明了我独自做的所有事上都有的不幸。然而，当我已经与这种不幸不可分割地结合在一起时，所有过去的不幸之事都把我往上拽，所有未来的不幸之事都把我往下拽，这次我几乎完全不受影响，把一切当作是一次性事件颇为轻松地承担下来，甚至第一次在剧院里感觉到自己这颗观众的脑袋，离开了靠背椅和身体之间集聚的黑暗，向着一束特别的灯光高高抬起，不去理会这个剧本和演出有多糟糕。

第二个例子：昨晚，我灵活地将两只手同时伸向我在马里恩街上的两个弟妹，仿佛那是两只右手，仿佛我是双面人似的。

〈1911年10月〉21日

一个反例：当我的老板跟我商讨办公室的事务时（今天商讨的是索引卡片），我无法长时间盯着他的眼睛看，无法违背我的一切意愿，不让一丝悲苦出现在我的目光中，这悲苦要么挤走我的目光，要么挤走他的目光。然而，他的目光更加闪躲，时常一有机会就往别处看，他自己也不知道是什么原因，但又会立刻收回目光，因为他觉得整个过程只是他眼睛短暂的疲劳而已。我更加强烈地与此对抗，因此加速我目光的曲线运动，我最喜欢的还是沿着他的鼻子向面颊上的影子看去，保持脸冲着他的方向，常常只能借助紧闭的嘴巴里的牙齿和舌头，如果有必要，我会垂下双眼，但绝不会低于他领带的位置，但是，当他的眼睛移开，我立刻会用全部目光，准确地、毫无顾忌地追随他。

犹太演员们：奇西克女士嘴巴附近的面颊有凸起。凸起的出现，部分是因饱受饥饿、分娩、奔波、表演之苦而下陷的面颊所致，部分是因异常僵硬的肌肉所致，这些肌肉一定是她那张本来就笨拙的大嘴在表演中形成的。扮演苏拉米特时，她大多要撕掉遮在她面颊上的毛发，好让她的脸有时候看起来像旧时少女的脸。她的身材高大、骨感、中等强壮，并且把腰身束得紧紧的。她的步态很容易获得一些庄重感，因为她的习惯是把她长长的胳膊抬起来，伸展开，然后慢慢摆动。特别是当她演唱那首犹太民族歌曲时，硕大的臀部轻轻摇摆，沿着臀部方向弯曲的胳膊上下摆动，双手呈空心状，仿佛在玩一个缓缓飘动的气球。

〈1911年10月〉22日

昨天在犹太人那里。沙尔坎斯基的《柯尔·尼德拉》是一个相当糟糕的剧本,写信的场景美好而有趣,笔直地并排而立的恋人们双手交叉着祷告,皈依的宗教法庭大审判官倚着约柜的柜帘,他走上台阶,站在那儿,歪着脑袋,嘴唇贴着柜帘,把祈祷书举到了他咯咯作响的牙齿前。在第四个夜晚,我第一次明确地感到对获得一个纯粹的印象无能为力。这也归咎于我们庞大的社交圈和我姐姐在用餐时的来访。尽管如此,我本可以不那么软弱。就我对奇西克女士的爱而言,我的行为有点可悲,她只是因为马克斯才坐在我旁边。但我会振作起来,现在已经好多了。

―――――――――

奇西克女士(我是如此喜欢写下这个名字)用餐时喜欢斜侧着头,吃烤鹅的时候也是这样。人们相信,如果先顺着她的脸颊小心翼翼地观察,然后弯着身子溜进去,那么甚至完全不必抬起眼皮,就可以随着目光到达她眼皮底下,因为她的眼皮已经抬了起来,正透过一片淡蓝色的光芒引诱着你做此尝试。在诸多地道的表演中,她有时推拳,有时扭臂,手臂拉着身体周围藏在褶皱里看不见的长裙后襟,张开的手指放在胸上,因为这毫无艺术感的叫唤声并不够。她的表演并不多元:用惊恐的眼神看向她的对手,在这个小小的舞台上寻觅着出路,柔和的声音在笔直短促地提升音调时,只有借助更强的内部共鸣才能不费力地显出英雄气概，快乐掠过她舒展的面庞，越过高高的额头，延伸至头发，渗入她的身体，在独唱时她感觉十分满足，无须增添新的手段，在反抗时挺直身板，这迫使观众把注意力放在她的整个身体上；再多的就没有了。这就是全部事实，因此可以确信，她的影响是一丝一毫也不会失去的。

───────

我们同情这些演员，他们那么优秀，却挣不到一分钱，更得不到足够的感激和名望，这其实只是对许多崇高的梦想，特别是我们的梦想的悲惨命运的同情。因此，这同情也过于强烈，因为它表面上寻求陌生人的支持，而实际上是属于我们的。尽管如此，它总还是如此紧密地与这些演员们联系在一起，即使现在我也无法将它从他们身上剥离。因为我意识到，无论如何它都会与他们结合得更加紧密。

───────

奇西克女士肌肉发达的嘴唇两边的面颊上显出夺目的光泽。她的有些残缺的小姑娘形象。

───────

和勒维以及我的姐妹散步三个小时。

〈1911年10月〉23日

这些演员总是通过他们的出场令我恐惧地向我证明,我到目前为止写下的关于他们的大部分事情都是错误的。错误是因为我用一如既往的爱(就连现在,在我写下这些话的时候,它也变成错误的)和正在变化的力量写下关于他们的事,这种正在变化的力量并没有对这些真正的演员们产生恰当而有力的影响,而是闷声不响地失去了一份爱,这份爱绝不会对这力量感到满意,并因此想要通过阻止它来保护演员们。

奇西克和勒维之间的争论。奇:埃德尔施塔特是最伟大的犹太作家。他是崇高的。罗森菲尔德当然也是一位伟大的作家,但不是最伟大的。勒维:奇西克是社会主义者,因为埃德尔施塔特写社会主义的诗歌,他是伦敦社会主义犹太报纸的编辑,因此奇西克认为他是最伟大的作家。但埃德尔施塔特是谁,他的党派认识他,此外没人知道他,而全世界都知道罗森菲尔德。——奇:这不取决于认识不认识。埃德尔施塔特是崇高的。勒:当然我也很了解他。例如《自杀者》就很棒。——奇:争论有什么用?我们无法达成一致。我明天再说我的观点,你也是。——勒:我后天再说。

戈德法登，已婚，是个挥霍无度的人，也陷入了极大的困境。约100部剧本。剽窃来的礼拜仪式乐曲被制作得富有民间风味。全民族都在唱它。工作时的裁缝（被模仿了），女仆，等等。

正如奇西克所说，在这么小的空间里穿衣服，一定会发生争执。人们激动地从舞台上走来，每个人都自视为最伟大的演员，例如，这时倘若有人踩了别人一脚，那么一顿争吵还不能了事，免不了爆发一场大战。而在华沙，那里有75个衣帽间，每间都有照明。

6点钟时，我碰到了那些演员，在他们的咖啡馆里围坐在两张桌子旁，分成两个敌对群体。在奇西克那群人的桌子上放着一本佩雷斯的书。勒维刚刚将它合上，站起来和我一起离开。

勒维直到20岁都是一个德国佬，他在读大学，花他富有的父亲的钱。那时有一个同龄年轻人的圈子，正好在星期六那天，

他们聚集在一家封闭的小酒馆里，裹着长袍吸烟，不然就触犯了节假日戒律。

"伟大的阿德勒"，来自纽约的最著名的意第绪语演员，是个百万富翁，戈登为他写了《野蛮人》，勒维在卡罗维发利请求他不要来看演出，因为他也许没有勇气在他们那设备简陋的舞台上当着他的面表演。——需要的只是舞台背景，而不是这个粗劣的舞台，在这上面人们都没法伸开手脚！那里需要一个长沙发。莱比锡水晶宫殿里金碧辉煌。窗户可以打开，阳光照进来，在剧中需要一个宝座，很好，那里有一个宝座，我穿过人群走向它，成了一个真正的国王。在那里表演容易得多。这里的一切都让人困惑。

〈1911年10月〉24日

这位母亲一整天都在干活，像往常一样，有欢快也有悲伤。她丝毫不去利用自己的处境，她的声音清亮，在日常的讲话中听上去过于响亮，但当人们感到悲伤的时候，过一会儿突然听见她的声音，会觉得舒服。长久以来我都在抱怨，我虽然总在生病，但从没得过什么迫使我上床躺着的特别的病。这个希望绝大部分源自我知道如何安慰母亲，比如当她从明亮的卧室来到昏暗的病房，或者在晚上，当白天一成不变地开始向夜晚过渡，她工作回来，带着她的忧虑，迅速做出安排，在天色很晚的时候再次开启这一天，并且鼓励病人帮她做这些事。我希望这种情形再次出现，可能是因为后来我很虚弱，因此对这位母亲所做的一切深信不疑，而且深信她以那个年纪所拥有的更明确的享受能力，可以获得童真的快乐。昨天我突然想到，我并非总是以这位母亲应得的和我能够做到的那样爱她，因为德语妨碍了我。犹太的母亲不是"母亲"，母亲的称呼让她有些可笑（不是她本人，因为我们在德国）我们给了一位犹太女性德国母亲的称呼，却忘了越来越难以深入感情之中的矛盾。"母亲"对犹太人而言别有一番德国味儿，除了基督教的光辉之外，无意中还包含了基督教的冷漠，所以这位被称作母亲的犹太女性变得不仅可笑，而且还很陌生。妈妈也许是个更好的称呼，倘若人们不去想这个称呼背后"母亲"的含义。我认为，这个犹太家庭得到的只有对犹太人居住区的回忆，因为父亲这个词的意思也远非犹太的父亲。

―――――――――

今天我站在莱德雷尔参事面前，他出人意料地，未经请求就傻里傻气、假惺惺、可笑且让人忍无可忍地询问起我的病情。我们已经很久没有或者也许压根儿没有过如此亲密的交谈，这时我感觉到，我那张尚未被他如此仔细观察过的脸向他张开了虚伪的、错解的但无论如何也令他吃惊的一面。我自己都认不出自己了。他，我可认识得相当清楚。

第二册

当事情已经变得无法忍受的时候——11月的一个傍晚——我像跨过跑道一样跨过房间那张单薄的地毯跑了出来,被街道上明亮的光景吓了一跳,又转身跑向房间里边,却又在镜子底部发现了一个新目标,我喊出声来,只为了听听这叫喊声,没有得到任何回答,叫喊也不费什么力气,叫声就这样上升,没有任何阻力,因此即使不再喊叫,也无法停下来,这时门向墙外打开,开得那么匆忙,因为有匆忙的必要,就连下面石子路上的驮马也像一匹脱缰的野马一样,在某个地方叉开后腿,露出喉咙,飞奔起来。

一个孩子像个小鬼一样,从尚未点灯的十分昏暗的走廊滑过来,像一个芭蕾舞女孩那样踮着脚尖儿,站在一个很难被注意到的地板托梁上。破晓时分,屋里一下子亮了起来,他想用手迅速捂住脸,却无意间看向窗子,十字形床梁前,深色的街灯映出升腾的雾气,最终停留在黑暗的天空里。在那扇打开的门前,这孩子撑着右肘站起来,靠在房间的墙壁上,让气流从外面进来,拂过他的脚踝、脖子,还有太阳穴。

我稍微向那边看了看,然后说了声"你好",并从炉前挡热板上拿起我的上衣,因为我不想那样半裸地站在那里。片刻之后,我张开了嘴,好让激动的情绪从口中释放出去。我口中有一些腐坏的唾液,睫毛在脸上颤抖着,左侧太阳穴有一种紧绷的感觉,就像被无痛射击了似的,简言之,我没有哪儿不舒服,当然除了这个意料之中的来访。

这孩子依旧站在那面墙的同一个位置,右手撑在墙上,两颊绯红，不厌其烦地在那面刷白的、纹理粗糙的墙上摩擦着他的指尖，同时不停地观察着他的指尖。

我说，您是真的想来我这儿吗？不是搞错了吧？在这样一个大房子里，没什么比误会更容易发生了。我叫某某，住在四楼，11号房间。我就是那个您要找的人吗？

"安静，安静，"这孩子的话音越过肩头，"一切都已经是对的了。"

"那么您一会儿再进入这个房间吧，我想关上门。"

"我刚刚已经把门关上了，您不用费力，您就平静下来吧。"

您不要说费力。走廊上住着一大群人，所有人自然都是我的熟人；大多数人现在才刚下班回来；如果他们听到一间屋子里有人说话，那么他们肯定认为自己有权利打开房门，看看发生了什么。这事已经发生过一次了。这些人把白天的工作抛在脑后，在晚上短暂的自由时间里，他们不会屈从于任何人。另外，他们也知道您。所以，请让我关上这扇门。

是的，究竟发生了什么？您这儿有什么？因为我，整栋楼的人可能都会过来。所以我再问一次，我已经把门关上了，您还认为只有您能关上这扇门吗？我甚至已经用钥匙上了锁。

那就好。我其实没有多想。您本不必用钥匙反锁的。如果您已经来过一次，那么现在您就怎么舒服怎么来吧。您是我的客人，您要充分信任我。您请随意，不用紧张。我既不会强迫您留在这儿，也不会将您赶走。这些话我还用得着特意说出来吗？您认识的我是如此恶劣吗？

不，您真的没必要说这些。再说，您本来完全不该说这些。

我是个孩子,为什么跟我如此见外?

还不至于这么糟糕。当然,您是个孩子,但您绝非这么年轻。您已经成年了。您别怪我这么说,您已经到了一个让我感到不自在的年纪了。假如您是个姑娘,您不会这么轻易地跟我共处一室。一定是因为您喜欢我。

我们不必担心此事。我只想说,我很了解您,这对我起到的保护作用很小,只是省了您当我面说谎费的力气。尽管如此,您还是恭维我,别这样了,我请您别这样了。此外,我无法随时随地认出您,在这样昏暗的环境里更是不行。如果您让开灯就更好了。不,最好不要。无论如何我总会记得,您曾经威胁过我。

怎么?我威胁过您?但我那是在请求您。您终于来了这里,我是多么高兴啊。我终于说出来了,因为现在已经这么晚了。令我费解的是,为什么您来得那么晚。这时可能我会因为喜悦而乱说话,而您恰好会错了意。我可以承认十遍,我说了这样的话,我的确用您想要的一切威胁了您。——只是不该与客人争吵。——可您怎能把这当真呢,您怎能如此伤我的心,为什么您在逗留的这短暂的时间里,要用尽全力毁掉我呢?一个陌生人都会比您更热情。

这我相信,这不是什么智慧,当一个陌生人走近您的时候,我已出自本能与您如此靠近。您也知道这一点,那么为什么会有此愁绪?如果您说您想演一出喜剧,我会立刻走开。

这些话您也敢对我说吗?您有点太放肆了。终究您是在我的房间里的。您疯了似的在我的墙上摩擦您的手指。我的房,我的墙。除此之外，您说的那些不只是放肆，还很可笑，您说，您的本能驱使您用这种方式与我说话。真的吗？您的本能驱使您？您的本能可真是友好。可您的本能究竟是什么呢？您的本能是我的本能，倘若我出自本能友好地对待您，那么您也不可以用其他态度对我。

这是友好吗？

我之前说过。

您知道我后来变成什么样吗？

我一无所知。

我走向床头柜，点燃了蜡烛放在上面。（那时我屋里既没有气体，也没有电灯。）然后，我在桌旁坐了片刻，直到我也像他一样疲倦，穿上大衣，从长沙发上拿起帽子，吹灭蜡烛。出去的时候我被沙发腿绊住了。在楼梯上我碰到了住在同楼层的租户。他们又走开了。您是个骗子。他说着，双腿跨着两级台阶摊开休息着。"我应该做什么？"我说。"现在我房间里有一只鬼。"他们用同样不满意的态度说着，就像在汤里发现了一根头发似的。——您开玩笑吧，可您要注意了，鬼是鬼。——非常真实。但就像人们压根儿不相信有鬼一样。——是的，您难道以为我相信有鬼？

小小的废墟居民。

你没睡着，我说着，用膝盖轻轻顶了他一下（在突然说话的时候，我的口中飞出一些唾沫，这是不好的征兆）。

我是想要离开，想要上这楼梯，如果必要的话，我会翻着跟头上去。我指望从这个社交圈子里得到我缺少的一切，首先把我的人脉组织起来——逐步扩大社交圈不足以扩充人脉——似乎这是走廊上这位单身汉的唯一机会。这位确实已经满足了，倘若他用虽其貌不扬却结实有力的身体坚持下来，保住他的些许饭食，避免受其他人的影响，简言之，在这个逐步消失的世界里留住尽可能多的东西。可他失去了什么，他努力寻找，就算它已经变样、衰弱，是的，就算它只是表面上重新得到了它以前的财产（在大部分情况下这就是它）。所以它的本质是自杀性的，它的牙齿只咬自己的肉，它的肉只给自己的牙齿咬。因为无须一个中心，无须一份职业、一份爱情、一个家庭、一份退休金，也就是说，一般如果不试着在这个世界面前保持自然，如果不用一大堆财产在一定程度上让这个世界惊愕，那么人们就无法保护自己免受此刻的毁灭性损失。这个单身汉，他的衣着单薄，他的祈祷巧妙，他的双腿坚韧，他的借宿令人担忧，他以前零散的本质，在许久之后又被唤起，他用双臂将这一切拢在一起，如果他运气好能抓住任何一个小东西，就必然会失去他的另外两样东西。当然，没有什么事实能像这里的事实呈现得那么纯粹。因为没有谁真正能以完美公民的身份出现，没

人能像这样乘船在海上旅行，眼前是泡沫，身后是浪涛，周围有很多干扰，这完全不同于这位在波浪中在他的几块木板上逐浪的先生，这木板还相互碰撞，往下挤压，他，这位先生和公民，没有一丝一毫的危险。因为他和他的财产不是一体，而是两个个体，谁打破了这个联系，也就连同他一起摧毁了。在这方面我们和我们的熟人确实是无法辨认的，因为我们相当隐蔽，比如我现在被我的职业、我幻想的和真实的痛苦、文学爱好等所遮蔽。然而恰恰是我太过频繁而强烈地感受到我的本质，所以我也不可能在半途就觉得满足。我只需要一刻钟的时间来不间断地感受这个本质，这个有毒的世界就会流入我口中，就像水流入溺水者体内一样。

此刻我和这个单身汉之间没有什么区别，只是我还惦记着我在村里的青年时代，也许什么时候由于我的情况需要，我会希望自己能够回到那里。但是这个单身汉没有什么计划，因此也没什么过去。当下没什么区别，可这个单身汉只有当下。那个时代如今无人知晓，因为没什么能像那个时代一样，就这样被毁灭，在那个时代，当他不断感受到他的本质的时候，他便已经错过了它，就像人们突然意识到身上长了疮，这是到目前为止我们身上的最后一个疮，甚至连最后一个都不是，因为它看似不会存在，现在却比我们出生以来身体上长过的所有疮都多。倘若我们迄今为止全身心投入我们手上的工作、我们的眼睛所见、耳朵所听、足迹所至，那么我们会突然完全转向相反方向，像山里的风向旗一样。如果不是现在，而是那时逃跑，抑或沿着这最后的方向跑开，因为他的脚尖只能用来逃跑，而且只有这脚尖能够让他留在这世上，可他却没逃跑，而是躺了下来，就像孩子们在冬天里这儿那儿地躺在雪里，为了挨冻。

他和这些孩子，他们知道的，他们卧倒或者以别的方式屈服了，那是他们的错，他们知道无论如何都不该那样做，但他们也许不知道，在农村或城市如今和他们一起发生了变化之后，他们忘记了以前的那些过错和胁迫，他们将在新的环境里生活，仿佛这是他们生活的第一个环境一样。

"我没有睡着。"他在睁开眼睛的时候回答道，并摇了摇头。如果我睡着了，我又怎么能守护你？难道我不必如此吗？你那时在教堂前不也是紧紧地抓着我吗？是的，这事已经很久了，我们知道，就让往事留在回忆里吧。

已经很晚了，我说。我必须用一点点微笑来掩饰我向房间里张望时的紧张。

你真的喜欢这样吗？所以你喜欢到楼上去，非常喜欢？那就说出来，我又不会咬你。看，如果你认为，对你来说上面比下面更好，那就上去吧，立刻，不用顾虑我。这是我的想法，也是随便一个路人的想法，你很快就会再下来，然后会变得很棒，如果有人站在这里，你完全看不到他的脸，但他会挽着你的胳膊，带你在附近的一家酒馆里喝酒提神，然后带你去他的房间，这房间是如此寒酸，因为在它和夜晚之间只隔着几片玻璃，你这会儿可以对这幅画面发出嘘声。事实上，我可以在你希望的人面前重复一遍，我们在下面这儿很糟，是的，我们甚至糟糕透顶，但现在我已经没救了，不管我是躺在这个排水沟里堵住雨水，还是在楼上用同样的嘴唇喝香槟，对我来说没什么不同。此外，我甚至连在这两种处境之间做选择的机会都没有，人们关注的那些事情从没在我身上发生过，又怎会在举行我急需的庆典的场所下面出现，我在这下面只能继续爬行，跟吸血鬼一样好不到哪里去。然而，谁知道你藏着的一切是什么，你有勇气，至少你相信自己有，也在探索着你究竟敢做什么，通常当你留意门口服务员的表情时，你就已经认出自己。

倘若我确切地知道你对我是真诚的，我早就已经在楼上了。我怎样才能搞清楚，你对我是否真诚。现在你看着我，就像我是个小孩子一样，这对我没有帮助，甚至更让我生气。不过，也许你就想让我生气。此外，我再也受不了走廊里的空气了，所以我已经属于上面的圈子，如果留心的话，我的喉咙会发痒，顺便提一下，那时你——我咳嗽一下——你就会知道我在上面过得如何。在我把另一只脚拖进大厅之前，我踏进大厅的这只脚已经变形了。

你说得对，我对你不够真诚

不过，"忘记"这个词在这里并不恰当。比起这位先生的想象力，他的记忆力受过的折磨同样少。不过，山恰恰是他们无法移动的；这位先生已经超出了我们的民族范畴，超出了我们的人类范畴，他不断地饿晕，属于他的只有当下，一直持续不断痛苦的当下，接下来没有一星半点的改善，他始终只有一样东西：他的痛苦，然而在全世界范围内没有第二个能够充当药物的东西，他只需要够他双脚站立的地面，只需要够他双手覆盖的支点，所以只需要比杂耍剧里面的空中飞人更少的空间，而空中飞人的下面还挂了一张安全网。对除他之外的我们这些人来说，我们的过去和未来确实偏爱我们，我们的无所事事以及在工作中的懒散消磨的时光都在平衡中上下浮动。超出未来范畴的事情，过去用分量来弥补，所以它们的结局是二者无法再区分开，最早期的青年时代后来变得像未来一样光明，未来的结局实际上已经经历了我们所有的叹息，过去也是如此。就这样，这个圈子几乎形成了闭环，我们沿着它的边缘行走。现在这个圈子是属于我们的，但只是在我们偏爱它的时候属于我们，哪怕我们只往旁边挪一下，陷入任何一种沉思、消遣、惊恐、讶异、疲乏之中，那么我们就已经把它丢失在这个空间里了，迄今为止我们已经顺应了时代的潮流，现在我们后退，曾经的游泳者、现在的散步者就无望了。我们在法律之外，谁也不知道法律，然而每个人都依据它来对待我们。

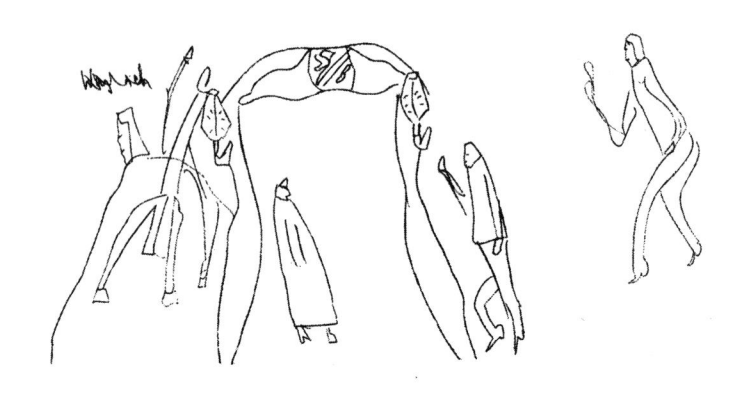

1910年11月6日

顺便提一下我容易想得开的事情,因为不管是这事还是那事我都不可以做,因此我拿自己和你做比较是不合适的。因为你!你究竟在这座城市里待了多久,你在这城市里多久了我问你。

五个月。但我也已经很了解这座城市。你,我让我自己不得安生。若我就这样回头,我会完全不知道夜晚是否来过,你可以想象吗?对我来说一切都像白天,因为没有白昼,连光都没有差别。

1910年11月6日

一位舍尼夫人关于缪塞的讨论会。犹太女性吃饭时吧唧嘴的习惯,通过全面的准备工作与逸事的晦涩之处来理解法语,直到接近结束语,结束语应当在整段逸事的碎片的基础之上继续活在心中，法语在我们眼前逐渐消失，也许我们直到那时都太过努力，那些懂法语的人在结束前就离开了，因为他们已经听够了，其他人还远未听够，大厅的音响效果更偏爱包厢里的咳嗽声，而不是演讲词；在拉赫尔那里的晚餐，她读着拉辛的作品：菲德拉和缪塞，有一本书在他们之间的桌子上，另外，这桌上有一切可能的东西。领事克劳德，眼中泛的光芒，被宽阔的面庞接收，然后反射出去，他总是想要告别，在个别情况下也成功过，但在总体上却没有，因为每当他和一个人告别，新的人就会站在那儿，已经告别过的人又会在那个人旁边排起队来。演讲台上方是为这支乐队准备的顶层楼座。一切可能的噪声在发出干扰。从走廊过来的服务员，在他们房间里的客人，一架钢琴，一个远处的弦乐队，一阵敲击声，最后是一场争吵，这场争吵因其地方特色而进行得十分艰难，也因此惹人注目。在一间包厢里，一位太太的耳环上镶了钻石，它们的光芒几乎不断地变换。在收银台旁是来自一个法国社团的身着黑色衣服的年轻人们。一个人打招呼时深深地鞠躬，于是他的眼睛掠过地面。同时他笑得很厉害。然而，他只在姑娘面前这么做，对男士们他则立刻坦然地往脸上看，严肃地闭着嘴，与此同时，他以这种方式将之前的招呼解释为一种可笑但不可避免的仪式。

1910 年 11 月 7 日

维格勒的关于黑贝尔的朗诵。坐在一个有现代房间布景的舞台上，就好像他的爱人会穿门而入似的，这部戏终于开始了。不，他朗诵道。黑贝尔的饥饿。与埃莉萨·伦辛的复杂关系。他在学校时有一个老师是老处女，她抽烟，擤鼻涕，打架，也送葡萄干给听话的孩子。他漫无目的地到处游走（海德堡、慕尼黑、巴黎）。先是做了教区法官的仆人，和马车夫睡一张床，盖一张毯子。

现在你也许会觉得我似乎想要抱怨这些？然而并非如此，我为什么要抱怨这些，确实这件事或那件事我都不可以做。我只有散我的步，这样应该就满足了，不过这世界上也还没有一处地方是不能让我散步的。可现在看起来似乎又是这样，好像我对此沾沾自喜。

所以我挺轻松的。我想必不能一直站在这个房子前面。

所以别拿你和我在这件事上做比较，别让你因为我失去自信。你是个成年人了，反正你就跟看起来一样，在这座城市里颇为孤单。

是的,你难道没有勇敢地发现,你在这些事情上不能跟我做比较?我不这么认为。你究竟在这座城市多久了?

"五个月。"我小心翼翼地说,之后我的嘴巴还保持着张开的形状。是的,五个月。这是正确的。我离开了这道门。

毕竟,倘若你留心的话,你就会感受到你的

在这件事上你恰恰不能与我做比较。但我必须跟你说,倘若你留心的话,最后你就会感受到你的勇气。你究竟在这座城市多久了?

五个月,我说得如此小心翼翼,所以之后我的嘴巴还保持着张开的形状。

在这件事上你恰恰不能与我做比较。这点我必须先跟你讲！倘若你留心的话，你难道没有勇敢地发现这一点吗？你究竟在这座城市待了多久？

在这些清晨，人们从窗户里向外看，从床边拉过椅子，坐下来喝着咖啡。在这些夜晚，人们撑着手臂，用手握着耳朵。是的，如果一切不是这样就好了！要是人们至少能养成那么一丁点儿新的习惯，就像人们每天在这些巷子里看到的习惯一样，那就好了。

尤利乌斯·施诺尔·冯·卡罗尔斯费尔德署名弗里德里希·奥利维尔，他在一个斜坡上作画，他在那里看上去是多么美丽和认真（一顶高高的帽子像压扁了的小丑帽，细长又僵硬的边缘延伸到脸上，长发如波浪卷起，眼睛里只有他的画，双手从容不迫，画板在膝盖上，斜坡上面的一只脚滑得更靠下了。）

然而不是，这个签名是弗里德里希·奥利维尔·冯·施诺尔。

所以，现在你不可以想到我。不管你多想将你与我做比较。我都已经在这座城市里二十多年了。你也只能正确地设想一下这意味着什么。我在这里经历了二十个春夏秋冬——

现在他在我们头上晃动了一下松松的拳头。

这些树在这里生长了二十年之久，人们在它们下面将会显得那么渺小。这许许多多的夜晚，你知道的，在所有这些住宅里。人们在这面墙上倚一下，在那面墙上靠一下，窗户就这样围绕着人们移动。今天早上，

我的确几乎要这样了。我防护的本质已经像是要瓦解在这儿，在这座城市里，最初的几天里我是美丽的，因为这种瓦解神化般地出现，那时维持我们生命的一切都在飞离我们，却在飞离的过程中用它人性的光辉最后一次照耀我们。我就这样站在我的单身汉面前，所以他非常可能也爱着我，自己却不清楚是为什么。有时他的话似乎表明，他非常清楚，他知道在他面前的是谁，也知道如此他便可以为所欲为。不，不是这样的。他其实是想用这种方式面对每个人，因为他只能靠当隐居者或者寄生虫生活。他只是一个被强迫的隐居者，倘若这种强迫曾经以一种他不知道的力量将他打败，就像在这种情况下一样，他已经是只寄生虫了，一个举止能多无耻就多无耻的寄生虫。这世上没什么能够拯救他了，因此人们可能从他的举止联想到溺亡者的尸体，被一股水流冲上水面，撞到一个疲惫的游泳者，双手放在他身上，想要抓住他。这尸体已经没有生命，是的，

甚至连打弯都不行，但却可以把这个人拉下去。

所以，现在你不许打我的主意。我知道，在一个陌生的城市，把自己和一个大家认为有经验的人一劳永逸地相提并论，是一件非常舒服的事情。

所以，现在你不许打我的主意。

1910年11月15日10点

我不会让自己疲惫的。如果我的脸会因此被割裂，我就会跳进我的小说里去。

〈1910年〉11月16日12点

我读《在陶里斯的伊菲革涅亚》。除了里面几处明显的错误外，从一个单纯的男孩口中听到这干巴巴的德语真是让人吃惊。在朗读者面前，每一个字都在朗读的瞬间被诗句提升到高处，那里笼罩着一束或许微弱却有穿透力的光。

〈1910年11月〉27日

伯恩哈德·克勒曼进行了朗诵:"我笔下的几个未出版的作品,"他就这样开始了。表面上看来是一个可爱的人,几乎花白的头发直立着,好不容易将胡子刮得平整,尖尖的鼻子,颧骨上脸颊的肉常常像一道波浪似的上下起伏。他是个中等水平的作家,有好的职位(一名男子走到走廊外面,咳嗽了一下,环视那里是否有人),也是个诚实的人,他想朗诵他承诺过的东西,但观众不让他这样,因为害怕第一个精神病院的故事,因为朗读这种形式很无聊,因为故事的情节并不扣人心弦,不断有人离开,并假装出一副好像去隔壁听朗诵的热情。在故事进行了三分之一后,他喝了一口矿泉水,这时一大群人走掉了。他惊住了。"很快就完了,"他索性说了谎。当他的朗诵结束,所有人站起来,似乎有些许掌声,听起来就像是在所有站着的人当中有一个人坐着为自己鼓掌。可是现在克勒曼还想继续朗诵另一个故事,也许还有更多。面对动身离开的人,他只是张开了嘴巴。最终,在得到一些劝告后,他说,我还想朗诵一则童话故事,只需要15分钟。我休息5分钟。几个人还留在这儿,他为他们朗诵了一则童话,童话里有几处几乎给了每个人从大厅最外层的地方穿过中间并越过所有的听众奔跑到外面去的理由。

| 鲁德勒[1] 1千 | 负债 |
| 卡尔斯[2] 2百 | |

"你。"我说着,用膝盖顶了他一下(在突然说话的时候,我的口中飞出一些唾沫,这是不好的征兆),"没睡着。"

"我没有睡着。"他迅速回答道,在睁开眼睛的同时摇了摇头。"如果我睡着了,我又怎么能守护你呢?我不该这样吗?你那时在教堂前不也是紧紧地抓着我吗?是的,我们知道这事已经过去很久了,我们知道,就让往事留在回忆里吧。"

"所以说现在已经很晚了。"我耸了耸肩说道,同时以此为我的不耐烦表示抱歉,并谴责他拖住我如此之久。

"你。"我说着,用膝盖顶了他一下(在突然说话的时候,我的口中飞出一些唾沫,这是不好的征兆)。

"我没忘记你。"他说道,在睁开眼睛的时候就已摇了头。

---

[1] 这里可能指鲁道夫·赫尔曼,卡夫卡的妹夫卡尔·赫尔曼的兄弟。
[2] 这里可能指马克斯·布罗德的朋友,画家格奥尔格·卡尔斯(Georg Kars,1882—1945)。

"我也不担心你忘记我。"我说。我忽略了他的微笑，朝那个石子路看去。

"我只想跟你说，现在无论如何我都要上去。是的。如你所知，我是被邀请上去的，现在已经迟了，那个社交圈子正在等我。也许有几个活动已经推迟了，等我到了才开始。我不想断言，然而这总是有可能的。现在你可能会问我，我是否完全不会放弃这个圈子。"

"我不会这么问，因为第一，你渴望向我诉说此事；第二，这不关我的事，因为对我来说下面这儿和上面那儿几乎一样。我是在下面这儿的排水沟里躺着拦住雨水，还是在上面那儿用同样的嘴唇喝香槟，这对我来说没有区别，甚至连味道都一样。"

1910 年 12 月 15 日

我简直无法相信从我如今已经持续近乎一年的身体状况中得出的结论，由此看来我的状况太过严重。确实，我甚至不知道我是否可以说，这并不是新的状况。然而我原本的想法是：这个状况是新的，我也有过类似的状况，但这种状况还没有过。是的，我就像是石头做的，我像是我自己的墓碑，那里没有空隙给怀疑或信任、爱或厌恶、勇敢或胆怯，不管是在特殊还是一般情况下，那里只有模糊的希望，但也并不比墓碑上的碑文更好。我写下的字几乎没有一个能与另一个字相配，我听着辅音如何破锣似的相互摩擦，元音像展览会上的黑人一样吟唱。我的疑惑围绕着每个字兜着圈子，我看见疑惑比看见字要早，但这究竟是什么呢！我完全看不到那个字，那个我创造的字。这也许确实还不算是最大的不幸，以后我很可能会创造出那种词语，它们能够把尸体的气味吹向一个方向，好让这气味不会立刻朝着我和读者迎面扑来。每当坐在写字台前，我的感觉并不比在车水马龙的歌剧院广场中间摔断双腿来得更舒服。所有车辆尽管喧闹，却默默地从各个方向驶来，朝各个方向驶去，但是那个男人的疼痛使得交通秩序更加井然，比警察还有效，因为疼痛使他闭上眼睛，使广场和大街小巷变得荒凉，车辆很可能都不用掉头。这拥挤的生活使他痛苦，因为他就是一个路障，然而空旷的坏处并不会更少，因为它会将他真正的痛苦释放出来。

〈1910年12月〉16日

我不会再抛弃日记。我必须坚持写日记，因为只有写日记是我坚持做到的。

我喜欢描述这种幸福的感觉，这种感觉不时地在我心里，就像现在。它确实是某种冒着气泡发出咝咝声的东西，用微微舒适的抽动完全填满我的心，并且使我相信我有能力，然而我每时每刻都完全确信，这些能力并不存在，此刻也是如此确信。

黑贝尔称赞尤斯蒂努斯·克纳的《旅行的阴影》
"这样一种作品几乎从未出现过,没有人知道它"

W. 弗雷德①的《孤寂的街道》。这样的书是怎么写出来的?一个能够在小事中创造精彩的人,在这里用如此可悲的方式将他的天赋延伸到小说的伟大之中,以致让人感到恶心,即便人们没有忘记赞赏这种滥用自身天赋的力量。

我在小说、剧本等当中读到的次要人物被追踪。这种休戚相关的感觉,我现在就有!在《比绍夫斯堡的处女们》(是这么叫的吗?)中说到两个女裁缝,她们正在为剧本中的一个新娘制作婚纱。这两个姑娘过得如何?她们住在哪儿?她们做了什么,使她们不得被一起放入剧本,只得待在外面,在诺亚方舟前,在倾盆大雨中,被淹得奄奄一息,最后只得将她们的脸贴在一个船舱的窗户上,使底层的访客在某个瞬间看到有黑乎乎的东西在那儿。

---

① 作家 Alfred Wechsler。——译者注

〈1910年12月〉17日

芝诺随便说起一个重要问题,是不是没什么东西是静止的:不是的,飞行的箭是静止的。

如果法国人依照其本性是德国人该多好,那样他们就会被德国人钦佩了。

我搁置在一旁并删去的东西是如此之多,是的,我在这一年里写下的几乎所有东西,无论如何都非常妨碍我的写作。是的,这是一座山,竟是我曾经写下的东西的五倍之多,而且已经通过它巨大的数量把我写过的所有东西从我笔下拉到它那里去了。

〈1910年12月〉18日

有一段时间我把信件(当然那些信件可能也没什么重要内容,就像现在这封一样)搁置一旁不拆开的理由只是软弱和怯懦,这软弱和怯懦迟迟不拆开一封信,如同它们迟疑要不要打开房门一样,这房间里也许已经有一个人等我等得不耐烦了,倘若这并非毫无疑问，那么也许还能为搁置一旁的信件彻彻底底地更好地解释一番。也就是说，假设我是个缜密的人，那么我必须努力尽可能将涉及这信件的一切延长，也就是说，慢慢地打开信件，慢慢地多次阅读信件，长时间思考，用许多草稿来准备誊清稿，最后还要在寄送出去时迟疑。这一切都在我的掌握之中，只是突然收到信件恰恰是无法避免的。现在我也在刻意放慢这个过程，我长时间不打开它，它平放在我面前的桌子上，它总是出现在我面前，我总是收到它，但我不会将它拿起来。

―――――――――

文艺爱好者

―――――――――

晚上11点半。只要我还没从办公室里解放出来，一切根本就是无望的，这一点我再明白不过，唯一要考虑的是，只要让头保持在这样的高度，我就不会淹死。这会是多么艰难，必然会从我体内拽出哪些力量，已经体现出来了，即今天我并没有遵守我新的时间安排，晚上8点到11点坐在书桌前，而且现在我甚至并不认为，为了上床睡觉而匆忙地把这几行字写下来是多大的不幸。

〈1910年12月〉19日

已经开始在办公室里工作。下午在马克斯那里。

读了一点歌德的日记。远方已将这样的生活静静地记下，这些日记在此点燃了火焰。一切过程清晰明了，因而变得神秘莫测，这就如同公园的栅栏，让眼睛得到休息，却在观赏宽阔的草地时，令我们感受到无法抗拒的敬畏。

我已婚的姐姐刚刚第一次来探望我们。

〈1910年12月〉20日

我用什么来原谅昨天对歌德做出的评论呢（这评论极不真实，如同它所描绘的感觉一样，因为真实的感觉已经被我的姐姐赶跑了）？用什么都不行。我用什么来原谅我今天还什么都没写出来呢？用什么都不行。主要是因为我的身心状态不是最糟的。我的耳中不断出现一种恳求的声音："你来吧，看不见的审判！"

为了最终让这些错误的地方给我一片安宁，因为它们无论如何都不愿被从这段故事中剔除出去，我在这里写下两句：

"他的呼吸声响亮，如同对一段梦境的叹息，梦境里的不幸比我们的世界里的不幸更容易承受，因此简单的呼吸声已然是十足的叹息。"

―――

现在我如此自由地俯视他,如同人们俯视一道小小的难题,人们就此难题对自己说:"我无法把这些小球带进它们的洞穴,这又怎么样呢,一切都属于我呀,玻璃杯、镶宝石的托座、小球和那里的其他东西;这整个艺术我都能直接装进口袋。"

〈1910 年 12 月〉21 日

来自米哈伊尔·库斯明的《亚历山大大帝的事迹》几个值得关注的地方:

"一个孩子,他的上半身坏死,下半身活着,""孩子的尸体上,血红的双腿动弹着"

"肮脏的国王戈格和马戈格,他们以蠕虫和苍蝇为食,他将他们驱逐到裂开的山崖里,用所罗门的封印将他们封在里面,直到世界末日"

"多石的河流,石头在水流湍急的地方翻滚着,经过多沙的小溪,这小溪三天向南流,三天向北流"

女战士们,烧毁了右胸的女人们,短发,穿着男士鞋袜

鳄鱼,它们用尿液烧毁树木

曾在鲍姆那里,听到了如此美妙的事情。我同以前一样衰弱,并且一直如此。有种被束缚的感觉,同时也有另一种感觉,似乎是这样,如果被松绑了,情况还会更糟。

〈1910年12月〉22日

今天我甚至连谴责自己都不敢。向这个空虚的日子里喊去，也许会得到一阵令人恶心的回声。

〈1910年12月〉24日

现在我更加仔细地观察我的书桌，并意识到在那上面写不出任何好东西来。如此多的东西到处乱放，形成了杂乱无章的画面，毫无规律可言，这些乱七八糟的东西互不兼容，但这些东西却使得杂乱无章变得可以忍受。那块绿色的桌布上也是一派杂乱，要多乱有多乱，在老剧院底层可能也是这样。可是从站席

〈1910年12月〉25日

从桌台下面敞开的抽屉里冒出了小册子、旧报纸、目录、风景明信片、书信，所有这些有一部分被撕成了碎片，有一部分像露天台阶那样敞着，这种有失体面的情形毁坏了一切。剧院正厅里几个相对硕大的东西极尽活跃地展现出来，仿佛在这个剧院里，商人在观众区整理账簿，木匠敲敲打打，军官挥动军刀，神职人员与心灵对话，学者讲述道理，政客宣讲集体意识，甚至情人们也无须克制自己，等等，都是被允许的。只有刮胡镜直立在我的书桌上，摆放成人们要用它来刮胡子的样子，

衣刷的刷毛那一面朝上搁在桌布上，小钱袋子敞着口，等着我愿意付钱的时刻，从钥匙串上伸出一把钥匙，是准备工作时用的，领带还有一部分缠绕在脱下来的衣领周围。旁边高一点的、被封闭的小边角抽屉紧压着的桌台抽屉，只是个废物间而已，就好像低处的观众区楼座，也就是剧院最显眼的地方，基本上是留给最普通的人，留给那些从内向外缓缓淌出污秽的老花花公子，留给把脚垂挂在楼座扶手上的粗鲁汉子，留给那些家庭，他们有那么多孩子，以至于人们只能匆匆一瞥而不能去细数，他们在这里处理贫寒的儿童房的污秽（它已经流淌在楼座里了），留给在黑暗的背景中坐着无药可救的病人，幸运的是，只有当光线照进去时人们才看得见他们，等等。在这个抽屉里放着一些旧文件，倘若我有一个废纸篓，我早就把它们扔出去了，一些笔尖断掉的铅笔，一个空的火柴盒，一个出自卡罗维发利的镇纸，一把有边框的尺子，尺子坑坑洼洼的，要是用来画一条公路就糟糕了，许多领子上的纽扣，钝的剃须刀（这世界上没有地方可以放它们），领带夹，还有一个沉重的铁质镇纸。在上面的抽屉里——

可怜，可怜，却是出于好意。那是午夜时分，然而这只是我白天完全写不出任何东西的借口，因为我已经睡得非常好了。点燃的白炽灯，安静的公寓，外面的黑暗，守夜的最后景象，它们给了我写作的权利，即便这是最可怜的权利也无所谓。我赶紧使用这个权利。这就是我。

〈1910年12月〉26日

在两天半的时间里,我是——不过不是完全地——孤零零的,尽管我没有变化,但现在我已经就这样在路上了。独处的状态有一种凌驾于我之上的力量,这力量从未失灵。我的内心松动了(只是表面上暂时如此),并且准备好让更深层的东西出来。我内心的小秩序开始建立,我什么都不需要了,因为小能力中的杂乱无章才是最讨厌的。

〈1910年12月〉27日

我的精力已不足以写出一个句子。是的,倘若涉及词语,倘若扔下一个词就足够,而且人们可以在平静的意识中转过脸不去看它,完全凭自己去填满这个词就好了。

下午的部分时间让我给睡过去了,醒着的时候我躺在沙发上,思考着我青年时代的几段爱情经历,气呼呼地停留在一次错过的机会上(那时我躺在床上有点受凉,我的家庭女教师为我朗读《克莱采奏鸣曲》,同时,她懂得欣赏我兴奋的样子),把素食晚餐放到我面前,对我的消化能力感到满意,并且担心我的视力是否够我用一辈子。

〈1910年12月〉28日

如果我已经有几个小时表现得通情达理，就像今天和马克斯在一起以及后来在鲍姆那里一样，那么我在睡前就已然扬扬自得了。

1911年1月3日

"你。"我说着，然后用膝盖轻轻顶了他一下。"我要告别了。"在突然说话的时候，我的口中飞出一些唾沫，这是不好的征兆。

"这你可考虑得够久的。"他说着，从墙边走开，伸了个懒腰。

不。我完全没有考虑过这件事。

那你在考虑什么？

我最后还为这个社交圈子做了些准备。你要尽你所能地努力，你是不会明白这一点的。我，一个外省来的普通人，人们随时都可以拿去同那些在火车站前成百上千地站在一起等候某些特定车次的人们交换。

1911年1月4日

舍恩赫尔的《信仰与故乡》

我下面那些画廊访客擦拭着眼睛，他们手指湿漉漉的

1911年1月6日

"你。"我说着,对准他用膝盖轻轻顶了一下,现在我可真走了。如果你想亲眼看看,就睁开眼睛。

果真如此?他问道,同时用完全睁开的眼睛直勾勾地盯着我看,可他依旧那么虚弱,好像我挥动一只手臂就能将他挡开似的。那你就走吧。我该做些什么呢?我不能挽留你。就算我可以做到,我也不想这么做。因此,我只想要向你说明你的感觉,不过按照这种感觉你极有可能被我拦住。然后他立刻露出下等仆人的面孔,在一个通常井然有序的国家里,这张脸大概会使主人的孩子们乖乖听话或者感到害怕。

1911年1月7日

马克斯的妹妹对她的未婚夫用情如此之深,致使她力图做出这样的安排,同每一位访客单独讲话,因为跟每个人单独讲话能更好地表达和重复自己的爱。

1911年1月7日

好像有魔力一样,因为无论是外表的还是内心的状态都不会阻碍我,现在这些状况比过去一年来更令人愉快,在自由的一整天里,一个星期天,我被妨碍得无法写作。——对于不幸的生命的几个新的认识令我恍然大悟,给我以宽慰,我就是这不幸的生命。

你,我说着,然后用膝盖轻轻顶了他一下。"睁开眼睛,我要告别了。"在突然说话的时候,我的口中飞出一些唾沫,这是不好的征兆。

果真如此,他说着,盯着我看,目光屡次从我脸上飘过,看起来却像是偶然落到我的脸上一样,因为似乎我挥动一只手臂就能将他挡开。

1911 年 1 月 12 日

在这几天,许多关于我的事情我并没有写下来,部分原因是懒惰(现在我睡得那么多,而且白天也睡得那么沉,我在睡着的时候身体更重了),部分原因是害怕出卖我的自我认知。这种害怕是有原因的,因为只有当它以最大的完整性进入所有次要的结果中,并且表现出完全真实的特性,自我认知才有可能最终通过写作被记录下来。因为如果它不出现——而我对此无论如何也无计可施——那么这写下来的东西就会按照自己的意愿,凭借被记录下来的优势,取代那种仅在一般情况下感受到的东西,不过这种方式会让正确的感觉消逝,而这种被记录下来的东西的无价值性太晚才被意识到。

几天前，莱奥妮·弗里蓬的小型歌舞表演《维也纳城市》。发型是一团束起来的卷发。劣质的紧身围腰，非常老旧的连衣裙（骑士夫人），但配上悲剧性的动作、眼皮的疲态、修长双腿的下落、双臂沿着身体娴熟伸展、在语意双关的段落间僵直着脖子的意义，就显得非常漂亮。唱道，在卢浮宫里的纽扣陈列馆。

席勒画像，沙多1804年于柏林作，他在那里备受尊敬。没有什么能比抓住鼻子这个更为有力的特征来捕捉一张脸了。工作时拉扯鼻子的习惯导致鼻中隔有点往下耷拉。一个友好的、面颊有些凹陷的人，刮得干干净净的脸似乎让他显得老态龙钟。

1911年1月14日

贝拉特的小说《夫妻》。许多糟糕的犹太人的东西。作者的出场是突然的、单调的、滑稽的，例如所有人都是欢快的，却有一个人在那儿闷闷不乐，或者这时过来一位施特恩先生（我们对他小说的了解早就已经深入骨髓了）。在哈姆孙那里也有类似的情形，不过在那里像木头的节疤一样十分自然，在这里却一滴滴地渗入情节之中，就像一种时尚药剂滴在糖上一样。——毫无理由地坚持一些特殊的措辞，例如，他关心她的头发，关心了又关心。——单独的几个人，在没有新的灯光打到他们身上的情况下，也好好地出场了，好到就连逐段的错误也无关紧要了。次要人物总是得不到慰藉。

1911 年 1 月 19 日

以后我必定每天要么盼着自己从这个地球上消失，要么从小孩子的时期从头开始，即便我在这件事情上也许看不到最微弱的希望，因为我看起来是彻底完蛋了——去年我醒来的时间不超过 5 分钟。表面上看来，我此时比那时更为轻松地接受了这件事。因为在那段日子里，我几乎还没有感知到要去追求这样一种描述，它或许逐字逐句地与我的生活联系在一起，被我拉进怀里，并且令我着迷得离开了我的位置。我是以怎样的悲痛（然而现在的悲痛是无可比拟的）开始的呀！出自我笔下的东西以何种冰冷成日地追逐着我！危险是多么巨大，而它的影响中断的次数却又是多么地稀少，以至于我完全感受不到那种冰冷，而这显然并没有从整体上将我的不幸降低多少。

我曾经构思了一部小说，里面是两兄弟之间相互争斗的故事，他们其中一个去了美国，另一个待在欧洲的一所监狱里。我只是在有些时候写上几行，以此作为开始，因为这很快就使我厌倦了。就这样，我也曾在某个星期天的下午写下了一些关于我的监狱故事，那时我们在祖父母家做客，把一种他们那儿很流行的特别柔软的面包抹上黄油吃完了。很有可能我在绝大多数情况下是出于虚荣这么做的，并且想要通过把稿纸在桌布上推来推去，用铅笔敲打，在灯下四周张望，来诱惑某个人，让他拿走我写的东西，看一看，然后称赞我。在这几行字里，监狱走廊的要点已被描述出来，首先是它的寂静和寒冷；关于留下来的这个兄弟，也有一句富有同情心的话被说了出来，因为这是一个好兄弟。也许我曾有一瞬间感觉我的描写没有价值，只是在那个下午之前，我没有很在意这种感觉，那时我坐在那些我已经适应了的亲戚中间（我的恐惧是如此之大，以至于它在通常情况下已经让我感觉到半个幸福了），在熟悉的房间里同他们围坐在一张圆桌旁，并且不能忘记，我是个年轻人，有责任从眼前的顺遂中长大成人。一位喜欢取笑别人的叔叔终于拿起了我只是轻轻地捏在手里的那页纸，仓促地看了看，又把它递给我，连笑容也没有，只是对用眼睛追随他的其他人说了一句"普通玩意儿"，却什么也没对我说。虽然我坐着没动，同之前一样在我那页无法再用的纸上屈着身子，但实际上我被一脚踢出了这个圈子，那位叔叔的评价带着近乎真实的意义在我心里重复着，我在这个家庭的感觉中亲眼看穿了我们世界的那间冰冷的屋子，我必须用一团火将它暖热，这火才正是我要寻找的东西。

1911年2月20日

《卢塞恩》里的梅拉·马尔斯。一名幽默的悲剧女演员，她在一个倒置的舞台上登场时的样子，几乎与悲剧女演员们有时候在后台表现出来的一样。她出场时，面容疲惫，当然也扁平、空洞、老气横秋，对所有有经验的演员来说，这样的登场再正常不过了。她说话非常犀利，动作也是如此，从那只压弯的拇指开始，看上去这拇指发达的肌腱代替了骨头。通过变换的灯光和四周抽动的肌肉的起伏变化，她的鼻子表现出特殊的多变性。尽管她的动作和台词始终闪着光，她强调的语气却是柔和的。

小城市也有小环境给散步的人。

纪念册里面，我旁边充满活力、至真至纯、穿戴讲究的年轻人让我回忆起了我的青年时代，也因此给我留下了一种倒胃口的印象。

克莱斯特年轻时代的书信，那时他22岁。放弃军人的身份。在家中，人们问道："那么，究竟是什么样的面包科学曾经被看作是理所当然的呢？你可以在法学和国民经济学之间做选择。不过你在皇室里也有靠山吗？"刚开始我有点尴尬地做出了否定的回答，不过在对此做解释的时候越来越自信，倘若我在皇室也有靠山，那么按照我此刻的理解，肯定会为自己指望着靠山的想法感到羞愧。人们微微笑了笑，我觉得我有点轻率了。这样的实话一定不能说出来。

1911年2月21日

我在这里的生活是这样的,仿佛我对第二次生命的存在相当确信,这就像是我对比如在巴黎一段失败的逗留经历释怀了,因为我会争取很快再到那儿去。此时的场景是泾渭分明的光和影落在街道的石子路上。

有那么一瞬间,我感觉自己被铠甲包围了起来。

离我多么遥远啊,比如手臂上的肌肉。

马克·亨利——德尔瓦德。空荡荡的大厅在观众中引发的悲剧感增强了歌曲庄严肃穆的效果,削弱了歌曲轻松愉快的效果。——亨利在说开场白,与此同时,这位德尔瓦德在一幅幕布后面整理头发,她不知道那幕布是半透明的。——主办者韦茨勒出现在宾客稀少的活动中,留着亚述人的胡子,它在一般情况下是深黑色的,此刻夹杂着几缕灰白。——任凭这样一股子脾气煽惑自己,这样挺好,这脾气会持续24小时,不,没有这么久。——服装花销很大,布列塔尼的成套女服,最底层

的衬裙是最长的,这样人们从远处看就能计算出这些东西的价值。——因为有人想要省去一个陪同者,所以最初陪同的是这位德尔瓦德,她穿着一件剪裁宽大的绿色连衣裙,还挨着冻。——巴黎街道的叫喊声。卖报人在欢闹。——有人跟我打招呼,我还没来得及深吸一口气,那人就跟我告别了。——德尔瓦德很可笑,她有一种老处女式的微笑,德国小型歌舞场的一个老处女。她披着自己从幕布后面拿来的一条红色披肩,演出革命场景,用同样黏糊糊断不开的声音朗诵着滕代的诗。起初她坐在钢琴边上时有女性的气质,只有像那样她才是可爱的。——在唱《去巴蒂诺勒》的时候,我感觉巴黎就在喉咙里。巴蒂诺勒想必是一个靠养老金度日的地方,那里的恶棍也是如此。布里昂把每个市区写成了他的歌。

城市的世界

奥斯卡 M.,一名年纪较大的大学生——如果人们靠近他仔细看,就会被他的眼睛吓一跳——在一个冬日的下午,雪花飘落的时候,站在一块空地中间,穿着冬裙和一件冬装外套,脖子上围着一条围巾,头上戴着一顶皮帽。他在思考的时候眨巴着眼睛。他深深地陷入沉思,以至于有一次竟把帽子拿了下来,并用它卷曲的皮毛在脸上摩挲。终于,他似乎做了一个决定,以一个旋转的舞步转身朝回家的路走去。当他打开父母亲卧室的房门时,看见他的父亲胡子刮得干干净净,那张笨重的肉脸朝门转去，坐在一张空桌子旁。"终于，"父亲说道，这时奥斯卡的一只脚几乎还没踏入房间，"停，我请你停在门边，因为我对你的怒火使我控制不住自己。""可是父亲，"奥斯卡说，在说话的时候才注意到他是怎样跑过来的。"安静。"父亲喊道，并站起身来，因此遮住了窗户。"我让你安静。你的'可是'你自己留着吧，懂了吗？"同时他用双手抓住那张桌子，朝着奥斯卡挪近了一步。"你那放荡的生活我简直忍无可忍了。我是一个老人。在你身上我曾期待一份年老的慰藉，可是你对我比我所有的疾病更恶劣。呸，竟然有这样一个儿子，用懒惰、挥霍、恶毒和愚蠢将他的老父亲逼进坟墓。"这时，父亲突然沉默了，他的脸却还在动，好像还在说话。"亲爱的父亲，"奥斯卡说着，小心翼翼地走近那张桌子，"您平静一下，一切都会好起来的。今天我突然有一个想法，这个想法能将我变成一个实干的人，正如您希望的那样。""怎样的想法？"父亲问道。同时看向房间的一个角落。"相信我吧，晚饭的时候我会向您说明一切。在我的心里，我一直是个好儿子，只是我没能把它表现出来，这让我十分痛苦，所以我还不如惹您生气，反正我已经没能让您高兴了。不过现在让我再去散会儿步吧，这样我的思路就会变得更加清晰。"这位父亲起先变得专注起来，坐到了桌边上，而后站了起来："我不相信，你现在说这些话有什么意义，我宁愿相信这是废话。但是，你终究是我的儿子——按时回来，我们要在家吃晚饭，那时你可以说说你的事情。""这种小小的信任对我而言已足够，我打从心底里感激您。不过，我正在为一件严肃的事情全力以赴，您已经从我的眼神里看出来了，不是吗?""我现在什么也没看见。"父亲说。"不过这也许是我的过错,因为我已经摆脱了看着你的习惯。"同时,像他习惯的那样,他通过有节奏地敲打桌面使人们注意到,时间是如何流逝的。"不过,重要的是,我对你完全没有任何信任可言了,奥斯卡。我对你吼叫——就像你来时那样,我确实对你吼叫了,不是吗?——我这么做不是希望把你变好,只是想到你那可怜又善良的母亲,也许她现在还没有直接因你而痛苦,但是已经在抵抗这种痛苦的努力中慢慢走向崩溃,因为她相信这样也能帮到你。然而,说到底,这就是你非常清楚的事情,倘若你没用你的承诺诱发我去想的话,我是不会再去回想这些事的。"在说最后几个字的时候,女仆进来了,去看了看炉子里的火。她还没离开这个房间时,奥斯卡就大喊道:"可是父亲,我也没料到会这样!倘若我只是突然有一个小小的想法,我们可以说它是我博士论文的一个观点,这论文已经在我的盒子里待了十年了,它需要的观点像盐一样多,因此有可能,即便可能性不大,我会从散步的路上跑回家去,就像今天发生的那样,并且说:'父亲,我突然有了这样那样的想法。'倘若您接着用您那令人敬畏的声音将刚才的指责向我劈头盖脸地扔来,那么我的想法就直接被吹走了,而且我肯定得随便说一些道歉的话,或者不道歉立刻走开。现在正相反!您说的一切反对我的话都有助于我的想法,这些想法非但没有停下来,反而变得强烈,充斥在我的脑海里。我要走了,因为我只有一个人的时候才能将它们理出头绪。"他在这个温暖的房间里吞下了一口气。"你脑子里的那些也可能就是一些鸡毛蒜皮的小事,"父亲瞪大眼睛说,"我相信它们能牢牢抓住你。可是,如果误闯进你脑子里的是一些有用的东西,那么它们过一夜就会逃走。我了解你。"奥斯卡扭过头,好像有人掐着他的脖子似的。"现在放过我吧。您对我钻研得有点过了。唯一的可能是,您能准确地预见我的结局,这真不应该诱使您去打扰我好好的思考过程。也许我的过去给了您这么做的权利,但您不应该利用它。""此刻你最好看看,你的不安全感有多严重,它迫使你这样对我说话。""什么都没有逼迫我。"奥斯卡说着,缩了一下脖子。他走到离桌子很近的地方,这样人们就不会知道桌子是谁的。"我说的话,是出于对您的敬畏,甚至是出于对您的爱,就像您一会儿还会看见的那样,因为在我的决定里,对您和妈妈的考虑占最大分量。""那我现在就必须要感谢你了,"父亲说,"因为你的母亲和我在恰当的时刻能够做到这点,确实是非常不可能的了。""求您了,父亲,让未来继续沉睡吧,它理应如此。因为如果过早地唤醒它,就会得到一个睡不醒的现在。可是这竟要您的儿子来告诉您。而且我真的还不想说服您,只是想要告诉您新鲜事儿。至少在这件事上,您必须要亲自承认,我成功了。""现在,奥斯卡,其实还有一件事令我感到惊奇:为什么以前你有像今天这样的事情的时候,不经常来我这里呢?这件事十分符合你迄今为止的性格。不,事实上,这是我的严厉造成的。"

"是的,那时您会把我劈成两半,而不会听我诉说。我跑过来,天知道,是为了尽快让您高兴。可只要我的计划还没有完全实现,我就什么都不能向您透露。所以您为什么要因为我的好意惩罚我,为什么您要得到我的解释,现在做解释可能还会有损我计划的实施。"

"别说了，我什么都不想知道。不过，我要很快回答你的问题，因为你退到了门边，显然有什么十分紧迫的事情要做：我的第一个愤怒已经被你的技巧抚平了，——只是我现在比之前更加悲伤，因此我求你——如果你坚持这样，我也只能袖手旁观——至少不要把你的任何想法告诉你的母亲。跟我说过就够了。"

"这样跟我说话的人肯定不是我的父亲。"奥斯卡喊着，手臂已经放在了门把手上。"从中午开始在你身上发生了什么，或许你是个陌生人，现在是我第一次在父亲的房间里遇见你。我真正的父亲——"奥斯卡张着嘴巴沉默了片刻——"他肯定会拥抱我，会把母亲叫过来。你怎么了，父亲？"

"你应该最好还是跟你真正的父亲共进晚餐，我觉得。那样才会更加愉快。"

"他就要来了。他终究是不能缺席的。母亲也一定要在。还有弗朗茨，我现在去接他。所有人。"接着，奥斯卡用肩膀挤了挤微微打开的门，好像他打算要挤压这扇门一样。

来到弗朗茨的住所，他向矮小的女房东弯下身子说："我知道那位工程师先生在睡觉，没关系的。"不顾那个因为对来客不满而在前厅毫无意义地上蹿下跳的女人，他打开玻璃门，这门好像被抓到了一个敏感部位似的，在他手里颤抖了一下。他毫不在意地冲那间他几乎看不见的屋子里面喊道："弗朗茨，起床。我需要你专业的建议。可是在这里，在这屋子里我待不下去，我们必须去散一小会儿步，你也必须在我家吃完饭。所以快点儿。""非常乐意,"这位工程师坐在他的真皮沙发上冲这边说道,"可是先干什么,起床,吃饭,散步,给建议?有一些我就当作没听见吧。""先别开玩笑了,弗朗茨。这是最重要的,我忘了这一点。""马上为你效劳。但是起床——与起一次床相比,我更愿意为你吃两次晚饭。""那就现在起床!别顶嘴。"奥斯卡抓住了面前这个虚弱的人的衣服,把他架了起来。"你知道吗,你可真是粗暴,真了不起。"他用两只小手指擦净闭着的眼睛。"说吧。我曾经这样把你从沙发上揪起来过吗?""可是弗朗茨,"奥斯卡做着鬼脸说,"先穿上衣服吧。我也不是傻瓜,不会无缘无故叫醒你。"——"刚刚我也不是无缘无故睡觉的。昨天我值了夜班,今天才来睡午觉,也是因为你——""为什么?""哎,什么,我已经生气了,你为我考虑得太少。这不是第一次了。当然,你是一个自由的大学生,可以做你想做的一切。不是每个人都这么幸运。在这种情况下,人们就必须要有所顾虑,真见鬼。虽然我是你的朋友,但是人们并没有因此而剥夺我的职业。"——他来回晃动那双扁平的手来指出这一点。"然而从你现在的三寸不烂之舌看来,我绝对不相信你没有睡够。"奥斯卡说着,向一根床柱靠上去,从那里看向这位工程师,好像他确实比之前多了一点时间似的。"所以你到底想从我这儿得到什么?或者更确切地说,你为什么要叫醒我?"这位工程师问道,并使劲摩挲着他山羊胡子下面的脖子,这是人们睡醒后对待自己身体的一种较为亲密的方式。"我能指望你什么?"奥斯卡轻声说道,用脚后跟踢了一下床。"非常少。我从前厅来的时候就已经说过了:你穿上衣服。""如果你想以此暗示奥斯卡,你的新鲜事很少让我感兴趣,那么你是完全正确的。这确实挺好,如此一来,这个新鲜事会把你扔进火坑,就完全算在你自己的头上了,不用把我们的友情牵扯进去。情况也变得更明确,我需要明确的答复,你记住这一点。不过,或许你在找衣领和领带,它们就在那儿,在椅子上。""谢谢,"工程师说着,开始系上衣领和领带,"你的确是个可以信赖的人。"

1911年3月26日

鲁道夫·施泰纳博士的神智学演讲,柏林。

雄辩的效果: 反对者们愉快地讨论着反对意见,听众对这种强烈的反对态度感到吃惊,他们进一步阐述和称赞这些反对意见,听众陷入了担忧,担心完全陷入这些反对意见里,好像除此之外别的什么都没有了,现在听众认为驳倒这些反对意见是完全不可能的,并且满足于粗略描述辩护的可能性。

此外,这种雄辩效果符合谦恭心态的要求。——不断地观察持于面前的手掌。——漏掉结束时刻。一般情况下,演讲者那儿说出来的句子以大写的首字母开始,在传播过程中,尽可能曲折绕远,然后到达听众那里,并且在结束的时刻返回演讲者处。然而,倘若错过了这个时刻,这个再也无法控制的句子将直接一鼓作气吹到观众那里。

罗斯和克劳斯以前的演讲。

现在我们几乎已经习惯了，在西欧的短篇小说里，只要它们只涵盖几个犹太人族群，我们会立刻去叙述的上下文中搜寻和发现犹太人问题的解决方法。在《犹太女人》中现在还没有指明这样一种解决办法，的确，甚至没有任何设想，因为在这种短篇小说中，那些专注于这些问题的人站得恰恰离中心位置更远，即事情已经发生了更快转变的地方，这样一来，虽然我们还能密切观察他们，却再也找不到机会从他们那儿从容地获取关于他们奋斗目标的消息了。我们当机立断，从这里面看出了这种短篇小说的不足，并且感觉自己更加有资格进行这样的指摘，特别是如今，自犹太复国主义存在以来，围绕在犹太人问题周围的解决方法是如此清晰，所以作者最终只需要走几步，就可以找到符合他的短篇小说的解决方法。

然而这种不足还有另一个原因。《犹太女人》缺少非犹太人的读者，缺少受人尊敬的、对立的人，这些人在别的短篇小说里能够引诱出犹太人的东西，它向他们逼近，将他们置于惊异、怀疑、嫉妒、惊恐之中，并且最终，最终让他们自信起来，然而无论如何，正是面对他们，它才能够在整篇文章中确立起来。这正是我们所要求的，关于犹太人族群的另一种解决办法我们是不承认的。此外，我们不只是在这种情况下印证这种感觉，这感觉至少普遍存在于一种思潮中。因此，在意大利的一条小径上，我们也会因为蜥蜴在我们的脚前猛然跳起而感到非常高兴，我们不停地想俯身去看，却看见一个商贩那里有数百只蜥蜴在那些巨大的瓶子里爬作一团，人们通常习惯于往瓶子里放黄瓜，如此，我们便不知该如何是好了。

两种不足结合在一起，成了第三种不足。《犹太女人》可能缺少最前面的那个少年，否则他就能在他的叙述中把最好的东西拉到身边，并以漂亮的放射状引向犹太人圈子的边缘。这部短篇小说能缺少这么一个少年，这恰恰是我们无法理解的，在这里，我们对一个错误的预感超出对它的所见。

今天是你的生日，可我甚至连一本普通的书都没有送给你，因为这也许只是假象；归根结底，我确实连送你一本书的能力都没有。只因为就算只是带着这张卡片，我也如此迫切地需要在今天有那么一时半刻靠近你身边，所以我在写作，并且开始诉苦，这样你就能立刻认出我。

现在我们几乎已经习惯了，在西欧的短篇小说里，只要它们只涵盖几个犹太人族群我们会立刻去叙述的上下文中搜寻和

发现犹太人问题的解决方法。在《犹太女人》中现在还没有指明这样一种解决办法，的确，甚至没有任何设想，因为在这种短篇小说中，那些专注于这些问题的人站得恰恰离中心位置更远，即事情已经发生了更快转变的地方，这样一来，虽然我们还能密切观察他们，却再也找不到机会从他们那儿从容地获取关于他们奋斗目标的消息了。我们当机立断，从这里面看出了这种短篇小说的不足，并且感觉自己更加有资格进行这样的指摘，特别是如今，自犹太复国主义存在以来，围绕在犹太人问题周围的解决方法是如此清晰，所以作者最终只需要走几步，就可以找到符合他的短篇小说的解决方法。

这种不足来源于一个更早的不足，倘若人们更仔细地观察的话。《犹太女人》缺少

这已经是一个习惯了，四位朋友，罗伯特、萨穆埃尔、马克斯和弗朗茨，每年夏天或秋天一起旅行度过他们的小假期。在剩下的时间里，他们的友谊大多是这样的，四个人喜欢在一个星期中的某个晚上全部聚在一起，多数情况下聚在萨穆埃尔那儿，他是其中最富有的人，拥有一个较大的房间，他们向彼此讲述不同的东西，此外也适当地喝点啤酒。接近午夜时分，在分别之时，他们的讲述也从未停止，因为罗伯特是一个社团的秘书，萨穆埃尔是一家商业局的雇员，马克斯是政府官员，弗朗茨是一家银行的公职人员，所以他们各自在这一星期的工作中经历的所有事情，另外三个人几乎都不了解，把这些迅速

讲给他们听而不做细致的说明，他们是无法理解的。然而，这首先牵扯到这些职业的差异性，所以每个人都被迫要对其他人不断地描述自己的职业，因为这些描述没有被其他人充分彻底地理解，因为他们只是弱小的人类，不过正因为如此，也因为他们美好的友谊，他们不断地期盼这些描述。相反，女性色情故事很少被拿出来讲，因为即便萨穆埃尔本人对这些故事有兴趣，他也会避免提出根据他的需要去设置话题的要求，而对他来说，拿啤酒过来的老姑娘常常作为一个警示出现。不过，在这些夜晚，有那么多欢声笑语，因此马克斯在回家的路上说道，这长久的欢笑真是令人惋惜，因为人们会因此忘记一切沉重的事情，而那恰恰是每个人都已受够了的。只要时间还足够，人们在笑着的时候会想着沉重的事情。可这是不对的，因为沉重的事情当然对这些人提出了更高的要求，而且有一点也是明确的，比起独处，人们在朋友圈子里也能够满足更高的要求。人们应该在办公室里笑，因为在那里是笑不出来的。这个想法是针对罗伯特的，他在他的那个老旧的、被他妙手回春救活的艺术社团里做了许多事，同时还发现了有趣的事情，他讲这些事给他的朋友们解闷儿。

当他开始的时候，这些朋友们就已经离开了他们的座位，站到他跟前，或者坐到桌子上，大笑着，马克斯和弗朗茨笑得如此忘我，致使萨穆埃尔把所有玻璃杯拿到旁边的桌子上。如果有人讲累了，马克斯就会用突如其来的新的力量坐到钢琴边弹奏起来，这时候罗伯特和萨穆埃尔坐在他旁边的小长椅上，与此相反，弗朗茨，这个对音乐没感觉的人，独自一人在萨穆埃尔的桌子旁翻阅收藏的明信片，或者读报纸。如果夜晚变得更热了，而且窗户已经敞开，那么这四个人会愉快地来到窗前，把手背到背后，向巷子下面看去，不让他们的谈话受到这无疑糟糕的交通情况干扰。只是偶尔有人为了喝一口酒回到桌旁，或指一指两个姑娘卷曲的发型，她们在下面的小酒馆前坐着，或指一指在那个很容易使她们惊讶的月亮，或者马克斯描述那些他讲述的事情，手指向外面伸展开，在空中越过另一个人的肩膀，直到最后弗朗茨说天凉了，应该把窗户关上。在夏天，他们有时候会在一个公共花园里碰面，坐在一张桌子非常边缘的地方，因为那里更暗一些，相互举杯，在谈话中发现头都挨在了一起，却没注意到远处的管乐团。然后他们手挽着手，迈着相同的步伐，穿过公园回家去了。边上的两个人转动小棍或拍打灌木丛，罗伯特（人们关于他的思考和描述是正确的，不过只是近似，这本日记会做一些修正）邀请他们唱歌，后来却完全变成一个人对四个人唱，此时中间第二个人感觉特别没用。"在这样一个夜里，"弗朗茨说着，把他相邻的两个人搂得离自己近了些，"在一起实在是如此美好，"好到他无法理解为什么他们一周只聚一次会，"而如果不是更频繁碰面的话，那么一周至少碰面两次，无疑是容易安排的，为什么就不能碰上两次面呢？"所有人都对此表示赞同，就连从外面来的第四个人也隐约理解了弗朗茨的轻声细语。"这样一种快乐当然值得小小的辛苦，它大概会偶尔让人付出一些努力。"在弗朗茨看来，像是他为此受到了惩罚似的，他擅自用一种空洞的声音为所有人演讲。然而他并没有停下来。"倘若有人真的不能来，这就是他的遗憾，他终究会得到宽慰，可是其他人却不得不因此放弃彼此，倘若三个人对彼此而言还不够的话，而且如果必须如此的话，两个人也可以。""当然，当然。"所有人说道。萨穆埃尔离开了桌边，大概走到了另外三个人的面前，因为他们彼此挨得那么近。接着，在他看来似乎又不是这样了，他宁愿挽着别人的手臂。罗伯特提出了一个建议："我们每周聚在一起，学习意大利语。学习意大利语是我们决定的，因为去年我们已经从那个小剧本《意大利》中得知，我们的意大利语只够用来问路，意大利是我们曾经待过的地方，你们还记不记得，当我们在农忙时节的葡萄园篱笆之间迷了路。即便如此，它也只是在被问路的人非常努力的情况下才够用。所以如果我们想要再去意大利的话，我们必须学习。现在什么都没用。在这种情况下，一起学习难道不是最好的选择吗？""不是，"马克斯说，"我们在一起什么都学不到。我也确切地知道，你，萨穆是主张一起学习的。""当然。"萨穆埃尔说。"我们必定会很好地在一起学习，我只是一直觉得遗憾，我们没有在上学的时候就在一起。你们到底知不知道，我们彼此才相识两年。"他弯下身子去看那三个人。他们放慢了脚步，松开了胳膊。"可是我们在一起还什么都没有学到，"弗朗茨说，"的确，我很喜欢这样。我什么都不想学。可是如果我们必须一起学习意大利语，那么还是各学各的更好一些。""我无法理解，"萨穆埃尔说，"你先是希望我们每周聚会，然后又不希望这样。""可是，"马克斯说，"我和弗朗茨真的只是希望，我们的聚会不会因为学习、我们的学习不会因为聚会而受到影响，没有别的。""好吧。"弗朗茨说。"现在也确实没有太多时间了,"马克斯说,"现在已经是六月,九月我们就要出发了,所以我才想要我们一起学习。"罗伯特说着,睁大眼睛看着那两个反对他的人。有人反驳他的时候,他的脖子变得特别灵活。

这也许就是友情的本质,与之如影随形——一个人欢迎它,另一个人对它感到惋惜,第三个人完全没注意到它。

〈此处接《卡夫卡日记：1912—1914》第 119 页〉

倘若要对舒巴尔做出什么指责的话，那么就是这种情况，他这段时间以来没能压制住司炉工的反抗，甚至让这些人今天有胆量出现在船长面前。

现在人们也许确实还会相信，司炉工和舒巴尔的对峙在更高层的讨论会上产生的效果对这些人也不会失去作用，因为就算舒巴尔伪装得很好，他肯定也无法忍到最后。他那一闪而过的卑劣行径已经足以让那些绅士们看清他，卡尔早就设法这么做了。他还顺便了解了每位绅士的观察力、缺点、脾性，从这个角度去看，迄今为止所花费的时间并非徒劳无益。要是司炉工能更好地待在这个地方就好了，然而他似乎完全没有抗争能力。倘若有人为他拖住舒巴尔，那么他也许能用拳头敲碎他那可憎的脑袋，如同敲一颗薄皮的核桃。然而他大概还无法向他迈出那几步。舒巴尔最终一定会来，不是自愿前来，就是被船长唤来，这样一件容易预料的事，卡尔究竟为什么没有料到呢？为什么他在来的路上没有和司炉工一起探讨一个详细的作战计划，而不是讨论他们在现实中是怎么做的，并且无药可救地、毫无准备地直接进入那里，那个有一道门的地方？司炉工究竟还能不能说话，说是或不是，就像被盘问时那样，当然只有在最有利的情况下才有必要这么做。他站在那儿，两腿分开，膝盖微微弯曲，头略微抬起，嘴巴张开，空气在口中流淌，好像体内没有处理空气的肺部一样。

不过卡尔感觉自己如此强壮和理智，也许他在家里从未有过这种感受。倘若他的父母能看到他，看他如何在异国他乡德高望重的名人面前捍卫美德，即便他没有获得胜利，却也为最后的争取做好了充足的准备。他们会修正他们对他的看法吗？会让他坐在他们中间并称赞他吗？会不会有一次，哪怕就一次，看向他那双忠诚于他们的眼睛！

"我来了，因为我觉得司炉工指控我有些不诚实。厨房里的一个姑娘告诉我，她看到司炉工在来这边的路上。船长先生和你们，我所有的绅士们，我已经做好准备来对我的指控进行反驳，借助我的文件，必要时通过没有偏见且不受影响的证人们，他们正站在门前。"舒巴尔如是说。当然，这是一个人清晰的讲话，而且从听众表情的变化中可以看出，他们在很久以后第一次重新听到了人类的声音。他们当然没有意识到，即使出色的讲话也有漏洞。为什么他想起来的第一个实质性词语是"不诚实"？这个指控是否必须在这里开始，而不是在他的民族偏见之下？厨房的一个姑娘已经看到司炉工在前往办公室的路上，然后舒巴尔立刻就明白了？难道不是内疚感加强了他的理解力？他立刻带来了证人，此外还称他们是没有偏见且不受影响的？招摇撞骗，就是招摇撞骗，而这些绅士们容忍此举，还将其视为正确的行为？为什么在厨房姑娘告发和他到这里的这段时间里，他毫无疑问浪费了非常多的时间，目的肯定是让司炉工在这段时间消磨掉绅士们的精力，好让他们逐渐失去清晰的判断力，而这清晰的判断力正是舒巴尔特别害怕的？他肯定已经在门后站了很久，为什么他偏偏在那位绅士提出次要问题之后才敲门呢，难道他在等司炉工累垮的那一刻？

一切都清楚了，一切也被舒巴尔违背其本意地呈现出来，但是对那些绅士们必须用别的方法，更加明确地告知此事。他们需要被唤醒。所以卡尔，赶快，至少要充分利用现在的时机，在证人们出现并淹没一切之前。

正好船长示意舒巴尔停下来，于是他立刻——因为他的事情似乎被推迟了一会儿——站在一旁，开始和那位紧邻着他的仆人小声聊天，同时不乏对司炉工和卡尔的斜视以及做出最有说服力的手势。舒巴尔似乎在练习他的下一个伟大的演讲。

"您不想向这个年轻人问点儿什么吗，雅各布先生？"船长在一片寂静中向那位拿着竹棍的绅士说道。

"当然，"这位绅士微微倾了倾身子，对他的周到表示感谢，然后再次问卡尔，"您到底叫什么名字？"

卡尔以为，倘若这个顽固的提问者所生的枝节能够尽快了结的话，是有益于那件重要的大事的，于是做出了简短的回答，这不同于他以往的习惯，即先出示那个他得先翻找一番的护照，再介绍自己："卡尔·罗斯曼。"

"可是，"那位同雅各布攀谈的人说道，开始的时候他几乎难以置信地微笑着退后。船长、总出纳员、大副，甚至连仆人也对卡尔的名字表现出夸张的吃惊之态。只有港务局的绅士们和舒巴尔表现得漠不关心。

"可是，"那位雅各布先生重复道，步履僵硬地向卡尔走去，"那么我就是你的叔叔雅各布了，你是我亲爱的侄儿。我的确在这段时间里都有此预感。"他朝着船长说道，接着拥抱和亲吻了卡尔，他一言不发地看着这一切发生。

"您叫什么名字？"卡尔在他松开自己后问道，尽管彬彬有礼，却完全无动于衷，并且想方设法去预见这件新鲜事可能给司炉工带来的后果。目前还没有任何迹象表明，舒巴尔会从这件事情中获益。

"年轻人，您可要明白您的幸运啊。"船长说道。他以为这个问题伤到了雅各布先生这个人的尊严，他站到窗边，显然不想给其他人看见他那张激动的脸，他还用一块手帕擦拭着脸。"那是国务委员爱德华·雅各布，他认出来您是他侄子。也许这与您一直以来的期待相反，然而从现在开始有一条光辉大道等着您。您试着理解此事，它一开始就是这么美好，抓住它吧。"

"可我在美国已经有一个雅各布叔叔了，"卡尔转向船长说道，"若是我理解正确的话，这位国务委员先生只是姓雅各布而已。"

"没错。"船长满怀希望地说。

那么我的叔叔雅各布，也就是我母亲的哥哥，雅各布却是他的教名，而他的姓，当然肯定与我母亲的姓一样，原姓本德尔迈尔。

"我的先生们！"国务委员因为卡尔的声明大叫起来，他已从窗边的休息处回来了。除了港务官员外，所有人爆发出了笑声，有些人好像是感动了，有些人让人捉摸不透。

我可完全没有想到我说的话有那么可笑，卡尔心想。

"我的先生们！"国务委员重复道。"你们参与到这个小型家庭争论中，既违背了我的意愿，也违背了你们的意愿，因此我不得不向你们解释清楚，因为我相信，只有船长先生（提及他时两人相互鞠了一躬）充分了解此事。"

现在我可真的必须留心每一个字了，卡尔心想。他很高兴，当他侧身看的时候，发现司炉工的身影开始活跃起来了。

在我停留美国的所有漫长岁月中，我的生活——当然"停留"这个词在此处很不适合美国公民，那个我全心全意成为的美国公民——在所有漫长的岁月中，我的生活完全脱离了我欧洲的亲人们，其原因，第一与此无关，第二，解释这些原因会过于消耗我的精力。我甚至担心有那么一刻，我会被迫向我亲爱的侄儿讲述这些原因，很遗憾其中不可避免地要提到一个坦率的词，是关于他的父母及其朋友的。

"他是我的叔叔，毫无疑问。"卡尔心想，并偷听着。"可能他改了名字。"

我亲爱的侄儿可以说正是被他的父母抛弃的——我们不过是用了一个确实也能够说明这件事的词语，就像人们生气的时候将一只猫扔到门口一样。我完全不想粉饰我的侄儿做了什么，导致他受到此种责罚——粉饰不是美国风格——但是他的过错的简单罗列就已经包含足够的歉意了。

"那可太好了，"卡尔想，"可是我不想让他向所有人讲述此事。再说他大概也不知道此事。他何从知晓？不过我们等着瞧，他会知道一切的。"

"所以他，"这位叔叔继续讲着，微微倾身倚着那支插在他前面的竹棍，由此成功地为此事营造了一份不必要的庄重感，不然此事肯定也有了这份庄重感——"因为他被一个大概

35岁的女仆约翰娜·布鲁默诱奸了。我完全不想用'诱奸'这个词来伤害我侄儿的感情,可是确实很难找到另一个恰当的词语。"

卡尔已经走到距离叔叔很近的地方,他在这里转身,想从在场的人的表情中解读他们对这段故事的反应。没人笑,全都在耐心而认真地倾听。最终也没有人趁机嘲笑国务委员的侄子。人们本可以说,虽然司炉工很少对卡尔微笑,但这作为新的讯息,第一是令人高兴的,第二是可原谅的,因为在这个船舱里,卡尔本想将现在公诸于众的事情变成一个特别的秘密。

"现在这个女人,"叔叔继续讲,"从我侄儿身上得了一个孩子,一个健康的男孩,在洗礼时得了雅各布这个名字,无疑是为了纪念我的小事,这小事肯定只是在我侄儿顺带提起的时候给那个姑娘留下了深刻印象。幸好,我说。因为那时这对父母为了逃避支付赡养费或者其他能接近他们的丑闻——我必须强调,我既不了解当地的法律,也不了解这对父母的其他关系,我只知道这对父母过去的两封乞讨信,虽然我没有回复,但我将它们保存了起来,一直以来这就是我和他们唯一的,此外也是单方面的书信联系——因为这对父母为了逃避支付赡养费和他们儿子的丑闻,将我亲爱的侄儿送到了美国,给他带的装备并不充足,显得毫无责任感,正如大家所见——倘若这个男孩,且不计仅在美国生机勃勃的迹象和奇迹,靠自己维生,他可能很快会在纽约港口的一条小巷子里堕落,要不是那位女仆在给我的一封信里讲述了整件事的话,包括对我侄儿的描述,也冷静地提到了这艘船的名字,告知我的侄儿将要到来,这封信经过长途漂泊直到前天才到达我那儿。倘若我存心要取悦你们，我的绅士们，我完全可把那封信的几处——他从口袋里拿出两张巨大的、写得密密麻麻的信纸晃了晃——在这里朗读出来。这封信定能产生效果，因为它是用一种有点简单却始终是好意的精明以及对孩子父亲的诸多的爱写出来的。但我既不想要超出解释此事所必需的范围去取悦你们，也不想为了欢迎你们伤害到我侄儿可能依然存在的感情，如果他想，他可以悄悄地在那间等待他的屋子里阅读此信以从中学习。"

可是卡尔对那个姑娘没有感觉。在越来越令人反感的纷扰之中，她坐在厨房里的橱柜旁边，手肘撑在橱柜的托盘上。她注视着他，他走过来，又走进厨房去给他的父亲取一杯水，或者为他的母亲转达一项任务。有时候她在橱柜旁边一个纷乱的地方写信，并从卡尔的脸上获取灵感。有时候她用手遮住眼睛，这样就不会有人跟她打招呼。有时候她跪在厨房旁边那间拥挤的小屋里，对着一根木质十字架祷告，此外卡尔只是在路过时才害羞地从微微敞开的门缝中观察她。有时候她在厨房里四处奔跑，当卡尔在路上遇到她时，她又像妖精一样笑着退回去。有时候她在卡尔进来之后关上厨房门并且抓着门把手，直到他要求离开。有时候她拿到一些东西，默默塞到他手中，而那是他并不想要的。然而有一次她说了声"卡尔！"他还在惊讶于这声出乎意料的招呼，便被她一脸怪相地呻吟着引入她的房间，锁上了房门。她哽咽着抱住他的脖子，同时乞求他脱掉她的衣服，事实上她已经脱了他的衣服并将他放到她的床上，好像从此刻起她不会将他让给任何人，她要抚摸他，保护他，直到世界的尽头。"卡尔，噢，你，我的卡尔。"她呼唤着，好像对他的拥有已经得到证实似的，而他什么都没看见，在诸多暖和的床上用品里感到局促不安，看来这些床上用品是她专门为他堆叠起来的。然后，她也躺在他身边，想要了解他的某些秘密，但是他什么都不能对她说，她半玩笑半严肃地生起气来，摇了摇他，给他的心脏听诊，同时把她的胸部蹭了过去，这样也没能诱惑卡尔，她将身体光溜溜地压在他的身体上，手在他两腿之间探索，卡尔厌恶地将头和脖子从亲吻中挣脱出来，然后用肚子顶了她几次，他觉得好像她是他自身的一部分，也许正是因为这样，一股可怕的求救感向他袭来。最后，他遂了她诸多重逢的意愿，哭着上了他的床。这就是全部，但是叔叔知道如何将它变成一个伟大的故事。厨娘也想到了他，并把他到来的消息告诉了叔叔。这件事她做得漂亮，他还想再次好好酬谢她。

"而现在，"这位委员喊道，"我要听你坦率地讲，我是不是你的叔叔。"

"您是我的叔叔。"卡尔说着，亲吻了他的手，因此叔叔也亲吻了他的额头。"我非常高兴遇见您，但是您搞错了，您以为我的父母只说了您的坏话。但除此之外，您的言语中含有几处错误，就是说，我认为事实上并非如此。但您也可以由此对这些事情做不那么好的评价，我也相信，如果这些绅士们在一件事情的细节上得到了略微不正确的信息，当然他们对此真的也没有那么关心，并不会造成什么特别的损失。"

"说得好。"委员说着，将卡尔引到显然关注此事的船长面前说。"我有了一个出色的侄儿,难道不是吗?"

"我很荣幸。"船长说着,鞠了一躬,这只有经过军事训练的人才能做到。"认识了您的侄儿,委员先生。对我的船而言,能为这样一种相遇提供场地,这是它的殊荣。但是船上的旅途可能过于糟糕,是的,谁曾想会把谁带到那里。例如,曾经也有一个匈牙利贵族的长子,他的名字和旅行的原因我已经忘记了,来到了我们船上。我很晚才得知此事。现在我们尽一切可能,使人们在船上的旅途尽可能轻松,比如比美国航线更轻松,但是要让这样的旅途变得愉快,我们却始终还未能成功。"

"这伤害不到我。"卡尔说。

"这伤害不到他!"委员笑着大声重复道。

"我只是怕我的箱子丢了。"——由此他想起了已经发生以及还要去做的所有事情,环顾四周,他看见在场的所有人在他们的位置上盯着他看,出于尊重和惊讶而一言不发。人们只是从港口官员的脸上看到了惋惜,只要他们严肃自满的脸上容得下人们的目光的话,他们在如此不合时宜的时机出现,并且把怀表放在眼前,大概这对他们来说比这屋里已经发生和即将发生的一切都重要。

说来奇怪,第一个向船长表达慰问的竟是司炉工。"我衷心地祝贺您。"他说着,握了握卡尔的手,也想以此表达一些类似赞赏的话。然后,在他想对那位委员说同样的话以寻求帮助时,委员却退了回去,好像司炉工此举超越了他的权利;司炉工也立刻放弃。

而其他人此时也明白要做什么了,于是围着卡尔和委员,立刻形成了一片混乱之景。事情就这样发生了，卡尔甚至得到了舒巴尔的祝贺，他表示接受并为此道谢。最后，港口官员们在再次出现的寂静之中走过来，并说了两个英文词，给人一种可笑的印象。

这位委员很有兴致来充分享受这种愉快，而将比较次要的和其他时刻留在记忆中，其他人当然不只是忍受此事，而是饶有兴致地接受此事。所以他让大家注意，他已经把厨娘在这封信里提及的卡尔最显著的鉴别记号摘录在了他的笔记本上，以备不时之需。此刻，司炉工的喋喋不休让人十分厌烦，委员的目的只是分散自己的注意力，他取出笔记本，为了好玩，试图将厨娘的观察（当然侦察得并不准确）与卡尔的外表联系起来。"他就是这样找到他的侄子的。"他结尾的语气好像想要再次收到祝贺似的。

"司炉工身上会发生什么呢？"卡尔接着叔叔最后的话问道。他以为以他的新身份，他想说什么就能说什么。

"司炉工将会得到他应得的，"委员说，"以及船长先生认为必要的结果。我认为我们已经对司炉工忍受得够多了，在场的每位绅士肯定会对此表示赞同。"

"还没提到最要紧的事，关于正义的事。"卡尔说道。他站在叔叔和船长中间，也许是受这个位置的影响，他以为掌握了决策权。

尽管如此，司炉工似乎不再抱什么希望。他将双手半插进裤腰带，由于他不安的动作，裤腰带和一个有图案的衬衫的条纹一起露了出来。他一点儿也不在意这个，他把他所有的痛苦抱怨了出来，现在人们应该也还看得见他身上穿的磨损的衣服，然后人们应该会把他扛走。他想象着，仆人和舒巴尔作为这里两个级别最低的人，应该向他表示最后的善意。之后舒巴尔就会得到安宁，并且不会再陷入出纳员说的那种绝望。船长将会雇用纯粹的罗马尼亚人，到处都是说罗马尼亚语的人，也许那时一切都会变得更好。不会再有司炉工在总款台里喋喋不休，他最后的闲话被人们颇为友好地留在了记忆中，因为正如那位委员明确声明的那样，它间接促使他认出了侄子。顺带提一下，这位侄子以前多次试图利用他，因此在重新相认之后，早就在此之前对他的帮助表示了足够多的感谢；司炉工完全想不出来，现在还能向他要求些什么。此外，他也想当委员的侄子，他离成为一名船长还差得很远，但是最终那句恶毒的话会从船长的口中讲出。——正如他所想，司炉工也不再试图看向卡尔，可惜在这间反对者的屋子里，他的目光找不到其他落脚之处。

"不要误解了事态，"委员对卡尔说，"也许这关乎正义，但同时也关乎纪律。这两者，尤其是后者，在这里由船长先生决定。"

"是这样。"司炉工咕哝地说。关注并且理解此举的人诧异地笑了。

"此外，我们的船长先生还有他的公务要处理，到了纽约之后，他的公务肯定已经堆积如山了，因已造成诸多不便，现在我们该离开这艘船了，这样才不会节外生枝，由于某种十分不必要的干涉将两位机械师之间的争吵小事变大。我理解你的行为，亲爱的侄儿，完全理解，但恰恰是这一点赋予了我立刻带你离开这里的权利。"

"我会立刻给您安排一艘小艇。"船长说道。让卡尔惊讶的是，他对叔叔的话没有提出任何反驳，然而这些话无疑会被看作是叔叔的自谦之词。总出纳员急匆匆地跑向书桌，打电话将船长的指令告知船主。

"时间紧迫，"卡尔心想，"但是如果不冒犯所有人，我就什么都做不了。可是现在我不能离开叔叔，他好不容易找到了我。船长虽然彬彬有礼，但仅此而已。他的礼数越不过纪律，叔叔肯定发自内心地与他交谈过。我不想和舒巴尔说话，我甚至觉得后悔之前向他伸出了手。这儿的其他人都是糟粕。"

怀着这些想法，他慢慢走向司炉工，把他的右手从裤腰带中拽出来，毫不费力地放在了他的右手中。"究竟为何你什么都不说呢？"他问道。"为什么你对什么都忍气吞声？"

司炉工皱起眉头，好像在为他要说的话寻找合适的措辞。另外，他向下看了看他和卡尔的手。

"你的确遭受了这艘船上其他人都未曾遭遇的不公平，这点我非常清楚。"卡尔的手指在司炉工的手掌上来回移动，司炉工明亮的眼睛四处张望，好像幸福降临到了他身上，但也许没人会责怪他的幸福。

"可你必须捍卫你自己，说是或不是，否则这些人是不会知道事情的真相的。你必须向我保证，你会听我的话，因为我很担心我将再也不能帮你了。"这时卡尔哭了，同时他亲吻了司炉工的手，握起了那只巨大的、几乎毫无生气的手，将它贴在脸颊上，像不得不放弃的宝贝一样。——然而这时委员叔叔也已经站在他身边并将他拉走,虽然只有一丝强迫。"司炉工似乎让你着迷了,"他说着,心照不宣地越过卡尔的头看向船长,"你感觉自己被遗弃了,那时你找到了司炉工并且现在对他抱有感激之心,这的确值得称赞。可是,为了我,不要把这事做得太过了,要学会理解你的立场。"

门前出现了一阵喧闹,可以听到喊叫声,甚至好像有人要粗暴地撞开门。一位海员进来了,有些不修边幅,扎着一条女式围裙。"外面有很多人。"他喊道,用手肘在四周推来推去,好像他还在拥挤的人群中一样。终于他找回了理智,要向船长敬礼,这时他发现了那条女式围裙,将它扯下来扔到地上,喊道:"真是过分,他们竟然给我围了条女式围裙。"然后他合拢双拳敬了礼。有人想笑,但是船长严厉地说:"我称之为一种好心情。外面究竟是谁?""是我的证人们,"舒巴尔上前说,"我诚挚地为他们的不当行为道歉。当这些人完成一段航海旅行时,有时会像疯了一样。"——"您叫他们进来,"船长下令,并且立刻转向委员,亲切有礼而迅速地对他说,"劳驾您,尊敬的委员先生,现在和您的侄子一起跟随这位海员,他会把你们带到小艇上。委员先生,我大概不必说出来,与您私下结识,为我带来了何种快乐和荣幸。我希望能再次与您重新开始我们曾中断的关于美国船队情况的谈话,也许到时候又会以一种像今天这样愉快的方式被打断。""暂时有这一个侄儿就足够了。"叔叔笑着说。"现在,请您接受我最衷心的感谢,感谢您的盛情,祝您一路平安。顺便说一下,这也不是完全不可能的,我们,"——他亲切地将卡尔揽在自己身上——"在我们下次的欧洲旅途中，也许会相聚更长时间。""我将衷心地期待。"船长说。这两位绅士相互握了手，卡尔只能默默地匆匆向船长伸出手，因为他已经应付了大概十五个人，他们在舒巴尔的领导下，虽然有些吃惊，但依旧非常吵闹地走了进来。那位海员请求委员允许他走在前面，以便将这群人分开，使他们轻松地从这些鞠躬的人们之间穿过去。此外，似乎这些好心人将舒巴尔和司炉工的争吵当玩笑看，其荒谬甚至在船长面前也没停下来。卡尔也在这些人里发现了那个厨娘莱恩，她逗趣地朝他眨了眨眼睛，那位海员扔掉的围裙，正是她的围裙。

继续跟着那位海员，他们离开了这间办公室，转弯进入一个小通道，走了几步后被带到一个小门前，从这个门出去有一小段阶梯将他们引向下面为他们准备好的小艇里。他们的向导一跃而下，跳上小艇，小艇里的海员们站起来，敬了个礼。委员刚刚提醒了卡尔，爬下去的时候要小心，卡尔就在最高那层台阶上大哭起来。委员将右手放在卡尔的下巴处，把他紧紧地抱在怀里，用左手抚摸着他。就这样，他们一阶一阶地慢慢走下来，紧紧拥抱着迈入小艇中，委员在小艇里给卡尔找到了一个正对着自己的好位置。委员给了个手势，海员们将小艇从船上撞离，立刻全力工作。离开那艘船还没有几米，卡尔就意外地发现，他们正好处在船的那一侧，朝向总款台的窗户。舒巴尔的证人们占满了全部三扇窗户，他们友好地打招呼并挥手致意，叔叔甚至在致谢，一名海员耍着杂技，同时也没耽误划桨和送上一个飞吻。那里确实好像已经没有司炉工了。卡尔对叔叔做了更加仔细的考虑，他的膝盖几乎碰上了他的，他开始疑虑，这个人是否在任何时候都能替代他的那位司炉工。叔叔也回避了他的眼神，朝波浪看去，他们的小艇因这些波浪而左摇右晃。

卡尔在叔叔家很快适应了新环境。叔叔也在每件小事上和蔼地迁就他，卡尔从不需要从糟糕的经历中吸取教训，而这通常使在海外的第一次生活十分痛苦。

卡尔的房间在一幢房子的第七层，下面的六层被叔叔的生意占用了，再往下与之相连的还有三层地下室。每当清晨卡尔从他的小卧室走进这间屋子时，透过两扇窗户和一道阳台门照进屋内的光线，总是让卡尔感到惊奇。假如他作为一个穷困的小移民登陆，他大概会住在哪里呢？是的，也许他完全不会被批准进入美国，而是被遣送回国，也就不用再担心失去家乡了，叔叔根据他对移民法的了解，认为这是十分有可能的。因为在这里不能指望获得同情，卡尔读到的美国关于这方面的事是十分正确的；在这里，似乎只有幸运的人才能在他们周围冷漠的面孔当中真正地享受幸福。

在房前，一个狭窄的阳台沿着整间屋子的长边伸展出来。这在卡尔的家乡可是最好的观景处，在这里却只能鸟瞰一条街道，在两排规规矩矩分开的房子之间，笔直地因而像逃离似的伸向远处，远处的大教堂阴森地耸立在浓密的雾气之中。早晨与夜晚一样，在夜晚的梦境中，这条街上的交通愈发拥挤，从上面看起来，呈现出一种各式各样歪曲的人影和车辆的顶棚不断交错混合的场景，还出现了一种由噪声、灰尘和气味组成的新型的、多样的、更加原始的混合物，所有这一切都被一道强光笼罩和穿透，这道光不断被这一大群东西给驱散、运走，然后又辛劳地带过来，它在痴迷的眼睛中显得如此立体，好像这条街的上方有一块覆盖一切的玻璃板时时刻刻不断被人用全部力量击碎。

叔叔在任何事情上都小心翼翼，他建议卡尔暂时保持谨慎，不要参与任何事情。他要好好地体察所有事情，但不能让自己被这些事情迷住。一个欧洲人在美国的第一天可以与出生之日相媲美，为了让卡尔没有不必要的恐惧，如果想要比从天国进入人世间更快地融入这里，那么就要谨记，第一个判断总是站不住脚的，你不可以让所有未来的判断因此被扰乱，还要借助于它们在这里继续生活下去。他本身认识一些新来的人，这些人有的不按照这些好的原则去行事，反而成日地站在他们的阳台上，像迷途的羔羊一样往下看向那条街道。这肯定会让人迷惘！这种孤独的无所作为，误入了纽约市忙碌的一天，这也许是休闲旅游者的专利，也许对于留在这儿的人而言，即便没有得到毫无保留的忠告，但这就是一种堕落，在这种情况下完全可以使用这个词，就算还有更夸张的

［续篇不在本册］

第三册

1911年11月〈10月〉26日　星期四

勒维昨天整个下午都在朗读戈登的《上帝、人和魔鬼》，然后朗读了他自己的《巴黎日记》的片段。前天我看了戈登的《野蛮人》的演出。——因此，戈登比会拉丁文的沙尔坎斯基、法伊曼等要更好，因为他有更多细节、更多条理，而且在这种条理中有更多的连贯性，因此，这里不再完全是其他剧本里那种直接呈现的、死板而一劳永逸地即兴表演出来的犹太人特性，这种犹太人特性的喧闹听起来更沉闷，因而对细节刻画得更少。当然要对观众做出让步，有时人们以为必须踮起脚尖儿，才能越过剧院里纽约来的犹太观众的头顶去看这部剧（野蛮人的身材，赛尔迪斯女士的整段故事），可更糟的是，也要对任何一种可以预料到的艺术做出明显的让步，例如，在《野蛮人》里，情节在一整幕中飘忽闪烁，因为考虑到这位野蛮人做了一个人性上模糊不清、文学上也十分粗劣的演讲，导致人们宁可闭上眼睛不看，在《上帝、人和魔鬼》中的那位老姑娘也是如此。《野蛮人》的部分情节非常大胆。一个年轻的寡妇嫁给了一个老男人，他有四个孩子，而且她立刻将她的情人弗拉迪米尔·沃罗贝切克带进了这桩婚姻。于是这两个人毁了整个家庭，施穆特·莱布里希（派普斯）必须交出所有钱，他生了病，最大的儿子西蒙（克卢格），一名大学生，离开了这个家，亚历山大变成了赌棍和酒鬼，莉泽（奇西克）成了妓女，勒梅赫（勒维），这个傻瓜对那个女人赛尔德有恨，因为她霸占了他母亲的位置，也有爱，因为她是第一个靠近他的年轻女性，这让他陷入了一种愚蠢的疯狂之中。被推动得如此之远的情节以赛尔德自杀告终。其他所有人给观众留下了未完成的、无助的回忆。对这个女人和她的情人的杜撰，没有征求任何人的意见，给了我一种模糊的、不一样的自信。

对剧场海报的零散印象。从中不仅可以知道名字，还可以知道得比公众，哪怕是最善意、最冷静的公众，必然知道的、关于一个接受他们审判的家庭的事情更多一些，然而也就只有这么多了。施穆特·莱布里希是一个"富商"，却老弱多病，是个可笑的妇女之友，一位糟糕的父亲，一个在夫人忌日当天结婚的不虔诚的鳏夫。所有这些特点都比剧院海报上面的说明更加准确，因为在这部剧的结尾，他已不再富有，因为赛尔德将他的财产洗劫一空，他也不再是商人了，因为他荒废了自己的生意。西蒙这张剧场海报上面是一名"大学生"，多少有点儿过于笼统，我们知道的许多远方的熟人的儿子就是这样。亚历山大，这个毫无性格特征的年轻男子，只是"亚历山大"而已，关于"莉泽"这个深居简出的女孩，人们也就只知道她是"莉泽"而已。可惜勒梅赫是一个"傻瓜"，因为这是一件无法隐瞒的事情。弗拉迪米尔·沃罗贝切克只是"赛尔德的情人"，但不是一个家庭的破坏者，不是酒鬼、赌徒、淫棍、懒汉、寄生虫。"赛尔德的情人"这个标签虽然透露了许多信息，但对他的行为人们能说的却极少。此外，剧情发生的地点在俄罗斯，好不容易搜集起来的人物分散在这片广袤的土地上，或者聚集在这片土地上一个不知名的小地方，简言之，这个情节是不可能发生的，观众将得不到什么可看的东西。

尽管如此，这部剧开始上演了，显然作者花费了很大力气，一些事情浮出水面，人们无法相信剧场海报上的人会做出这些事，然而它们十分确定地发生在他们身上，似乎人们只想要相信鞭笞、抢夺、捶打、叩肩、晕厥、断头、跛行、穿着俄罗斯翻口靴子跳舞、穿着高雅的女裙舞蹈、在长沙发上打滚，因为这些确实是无法反驳的事实。但是压根儿没必要通过回忆观众激动情绪的高潮来断定这个海报留下的零散的印象是错误的，这种印象只有在演出之后才能形成，但是这种印象现在已经是错误的，对，是不可能的了，它只会出现在一个疲惫的旁观者身上，因为对于那些在演出结束后进行真实评价的人来说，剧场海报和表演之间已经没有什么能让他们看的东西了。

从一笔一画开始，带着绝望写作。因为今天的牌玩得十分喧闹，奥特拉满脸大笑，站起来，又坐下，越过桌子，对我说话。而我只好坐在众人聚集的桌子旁。为了结束这种不幸，写得何其糟糕，我必须想想勒维用那行云流水的感觉写下的美好的巴黎回忆，它们源自独立的思想火花，而我至少现在，肯定主要是因为我拥有的时间太少，几乎还完全受着马克斯的影响，这有时候反而会破坏我读他的作品的乐趣。令我宽慰的是，我在写关于肖的自传体评论，因为这能宽慰我，尽管它实际上含有无法令人宽慰的内容：孩童时的他是都柏林一家房地产代理事务所的学徒。他很快放弃了这个岗位，旅行到伦敦，成了作家。在1876年至1885年这最初的9年里他总共挣了140克朗。"然而，尽管我是个年轻的壮汉，我的家人正在水深火热之中，但我没有将自己投入与生活的抗争之中；我将我的母亲投入了这场抗争中,并且让她养活我。我并不是我老父亲的支柱,相反,我还依赖着他。"最终,这对我的宽慰就很少了。他在伦敦自由自在度过的那些年,对我来说已是过去,可能的幸福逐渐变成了不可能,我过着一种可怕的像替代品一样的生活,我怯懦、悲惨,我对肖的追随充其量就到我为父母朗读的地方为止。在此期间,我眼睁睁地看着这种可能的生活是如何闪闪发光的,带着钢铁的色彩,像绷紧的钢筋,伴着空中的黑暗!

1911年10月27日 勒维的短篇小说和日记:

巴黎圣母院让他何其害怕,植物园里的老虎让他何其感动,这作为对绝望者和希望者的一种描述,使绝望与希望的滋味得到淋漓尽致的体现,他虔诚的父亲凭想象询问他,他能否在这个星期六出去散步,他现在是否有时间给他读现代派的书,他能否在斋戒日吃东西,而他却必须在星期六工作,完全没有时间,禁食的时间比任何宗教规定的时间都长。当他啃着他的黑面包在巷子里散步的时候,从远处看起来,像是在吃一块巧克力。在帽子工厂的工作和他的朋友,那位社会主义者,认为凡是没有完全像他那样工作的人都是资产阶级分子,例如勒维就是用他那双细嫩的手在工作。这位社会主义者在星期天感到无聊,他蔑视地将阅读视为穷奢极欲的事,他自己不会阅读,还用嘲讽的态度请勒维为他念一封他收到的信。

在俄罗斯的每个犹太教区都有犹太人的净化水,我将这想成一个小房间,有一个轮廓清晰的水盆,有由犹太教法师布置和监督的设备,净化水只用来洗净心灵的尘世污垢,因此它的外在状态并不重要,它是一种象征,因此可能是脏的、臭的,却也达到了它的目的。女人来这里,是为了洗净月经的污浊,《摩西五经》的作者来这里,是为了在写下《摩西五经》一个段落的最后一句话之前,将所有罪恶的思想涤除。

习俗:醒来之后立刻将手指浸入水中三次,因为邪恶的魔鬼在夜晚会在第二个和第三个手指节上栖息。理性主义的解释:应当避免让手指直接碰到脸,因为在睡觉和做梦的时候手指是不受控制的,也许会触碰到所有可能的身体部位,腋窝、屁股、生殖器。

舞台后面的更衣室那么狭窄,以至于若有一个人突然站在舞台门帘后面的镜子前,那么第二个人想经过他身边的时候,就必须掀开那个帘子并且违背意愿地在观众面前露一会儿面。

迷信：如果从没有装满的杯子里喝东西，那么邪恶的魔鬼就会得到进入人体的入口。

演出之后，演员们看起来是多么伤痛，我是多么害怕用一句话去轻抚他们。我是多么想要在匆匆握手之后飞速离开，仿佛我是愤怒和不满的，因为将我印象里的真相说出来是那样不可能。在我看来，所有人都是虚伪的，除了马克斯，他径自说着些毫无意义的话。不过，虚伪的是那个打听无耻细节的人，虚伪的是那个对演员的意见作戏谑回答的人，虚伪的是那个讥讽的人，虚伪的是那个开始解释他各种印象的人，这都是一群乌合之众，他们被理所当然地挤进观众大厅深处，此刻在深夜里站了起来，并且重新发现他们的价值。（与真实的东西相去甚远）

〈1911年〉11〈10〉月28日

虽然我有类似的感觉，但在我看来，那天晚上无论是演出还是剧本，都远没有那么完美。正因为如此，我才应该对这些演员存有一种特别的敬畏。谁了解印象中那些数量众多却微不足道的漏洞，谁为它们担责？有一次奇西克女士踩到了衣服的镶边儿，在她公主式少女服里面摇晃了一会儿，像一根粗壮的柱子；有一次她说错了话，为了让舌头平静下来，她猛地转身对着后墙，即便如此，这个动作也和台词全然不搭。这个动作迷惑了我，却无法阻挡一丝寒颤从面颊骨上掠过，我在听见她声音时一直有这种毛骨悚然的感觉。然而，由于其他熟人的感受远比我的感受更不纯粹，所以在我看来，他们应当比我存有更大的敬畏之心，也是因为我觉得他们的敬畏之心比我的敬畏之心效果要好得多，所以我就有双重理由来咒骂他们的行为了。

马克斯的《剧院》中的《戏剧公理》。完全具有梦一般的真实特性，因此也适合"公理"这个表述。它将自己吹嘘得越是梦幻，人们就越要冷静地对待它。如下基本原则得到了阐述：

戏剧的本质在于一种不足，这是论点。

戏剧（在舞台上）比小说的表现更加淋漓尽致，因为我们可以看到一切，不然的话，就只能从小说中读到这些。

这只是表象，因为在小说里，作者可能只给我们展现重要的东西，相反，在戏剧里我们可以看见一切，演员、布景，所以不只是重要的东西，也就是说还要更少。因此在小说的意义上，最好的戏剧是完全没有激情的戏剧，比如哲理剧，演员们坐在一个随意的布景中将它朗诵出来。

然而，最好的戏剧是在时间和空间上蕴含最多激情的戏剧，它摆脱了所有生活的要求,只将自身集中在话语、独白中的思想、事情的要点上,其他的一切都由激情来掌控,被演员、画家、导演高举在一个牌子上,只追求它最外在的启迪。

这个结论的错误:它没有表明观点就将其更换,一会儿从写字间看这些事情,一会儿又从观众的角度上看。诚然,观众无法看到在作者意义上的全部,作者本身被演出震惊到。

1911 年 11〈10〉月 29 日　星期天

但是他的这个剧本就这样装着所有的细节,从一个细节移向另一个细节,只因为他将所有细节聚集在台词里,他就赋予了它们戏剧性的分量和威力。因此,戏剧在其最高发展阶段陷入了令人无法忍受的人性化之中,将这种人性化推翻、变得可以忍受,是演员的任务,演员将指定的角色分解、拆碎,让角色围绕着自己飘荡。那就是说戏剧飘浮在空中,但它不是被风暴顶起的屋顶,而是一整座房子,其墙基被一种如今看来仍然近乎疯狂的力量从地里拖拽了出来。

有时似乎是这样,剧本还停留在天空之上,演员就从中拽下一些条带,玩笑似的将条带末端抓在手里,或者将其围着身体缠绕起来,只是有时候一条难以解开的条带会将一个演员吊到高处,这让观众惊恐不已。

今天我梦到一头像灵缇犬的驴，它在运动时十分谨慎。因为我知道这种情况很罕见，于是仔细观察了它，却只留下了这样的记忆：它细长的人脚因其长度和相似度让我没法喜欢。我给了它一捆新鲜的、深绿色的柏树枝，是我刚刚从一位苏黎世老妇人那里得来的（这一切发生在苏黎世），它不要，只是稍微在树枝旁嗅了嗅。不过后来，当我将树枝放在桌子上时，它却把树枝吃得那么干净，只剩下一颗几乎无法辨认的栗子似的核。我后来注意到，这头驴还从未四脚走过路，一直都像人一样直立，露出他那银光闪闪的胸脯和小肚皮。可这本来是不对的。

除此之外，我还梦见了一个英国人，我在苏黎世的一个类似于救世军大会的集会上与他相识。那里的座位像学校里的一样，在写字板下面还有一个敞开的抽屉。有一次当我伸手进去要整理什么东西的时候，我感到惊奇，在旅行中结成友谊是多么容易啊。显然这里指的是这个英国人，他不久后便向我走来。他身穿浅色宽松的衣服，状态非常好，只是上臂后面不是衣服的料子，或者好像是那上面牢牢地缝上了什么，一种灰色、起褶、有点垂坠、被撕成条状、像被蜘蛛打了孔的料子，既让人想到马裤的皮衬，也让人想到缝纫女工和女店员、女职员的袖套。他的嘴巴、眼睛同样也用一块灰布遮住，可能鼻子上还有剪裁得非常精致的切口。不过这个料子是新的，锉毛的，更像是法兰绒，非常柔韧和软滑，是优等的英国货。这一切让我如此喜欢，让我渴望与这个人相识。他也想邀请我去他的住处，但由于我后天就必须离开，所以这事就告吹了。他在离开集会之前，穿上了几件看上去十分实用的衣服，在他扣上扣子后，这些衣服让他显得十分不起眼。虽然他没能邀请我去他那儿，但是邀请了我跟他一起去街上走走。我跟着他，我们站在集会地点对面的人行道边上，我在下面，他在上面，经过几番交谈之后，我们再次意识到邀约之事得泡汤了。

然后我梦到，马克斯·奥托和我有一个习惯，到了火车站才收拾我们的行李箱。那时我们穿过主厅把衬衫之类的东西拿到我们远处的行李箱那儿。尽管如此，这看似是一种普通的习惯，却没能在我们这里经受住考验，尤其是因为我们是在火车进站前一刻才开始收拾行李。然后我们当然会不安，几乎没有希望赶上火车，还怎么能找到好的座位呢。

尽管这家咖啡馆的常客和雇员喜欢这些演员，但他们无法在这种主流印象中保持尊敬，他们蔑视这些演员，认为他们是和历史上完全一样的穷光蛋、游荡者、犹太人的同伙。因此，那个服务员要把勒维扔出大厅。当小奇西克在表演《野蛮人》期间因为同情心而激动地要把随便什么东西递给演员们时，那个过去是妓院伙计，现在是皮条客的守门人，用喊叫声淹没了小奇西克的声音。勒维在城市咖啡馆为我朗读了戈登的《埃利泽·本·舍维亚》第一幕之后，前天我陪他回到那家咖啡馆，那个家伙（他是个斜眼，扭曲的尖鼻子和嘴巴之间有一个坑，从那里竖起一小撮髭须）冲他喊道："过来，傻子。（暗指在《野蛮人》里的角色）有人等着呢。今天你真的不配来这里。那儿

甚至有一个炮兵志愿兵，瞧这儿。"他指着一块遮盖住的咖啡馆玻璃，后面坐着的应该是那个所谓的志愿兵。勒维用手拭了拭额头："从埃利泽·本·舍维亚到这个人。"

今天这又窄又陡的楼梯的景象是如此触动我。早在以前，而且自那时起好多次，我都喜欢从我的窗户看那个阶梯石栏明显的三角形切面，那个阶梯往右从切赫桥向下通向码头高地，斜得十分厉害，好像只是给出一个快速的暗示。现在我在这上面，在河流上方，看见斜坡上有一个爬梯式楼梯通向水里。它很久以前就在那里了，然而只在秋冬时分，当前面的游泳学校撤走时才会显露出来，在切换视角时，它躺在棕色树下黑乎乎的草地里。

勒维：四位朋友年老之后成了犹太教法典学者。不过每个人都有特殊的命运。一个疯了，一个去世了。埃利泽拉比四十岁的时候成了无神论者，他们中最老的一个；阿齐巴，四十岁才开始从事研究工作，却得到了最完整的认知。埃利泽的学生是迈尔拉比，一个虔诚的人，他的虔诚是那样伟大，所以无神论者的授课也不会对他造成任何损害。如他所说，他吃果仁会把果壳扔掉。星期六，埃利泽会骑着马散步，迈尔拉比步行跟

随，手里拿着犹太教法典，当然只能走两千步，因为在星期六人们是不可以走更多步的。这里从散步中产生了一种象征性的演说和反驳。回到你的人民中去吧，迈尔拉比说。埃利泽一语双关地拒绝了。

〈1911年〉11〈10〉月30日

我几乎一直有这样一个愿望，倘若我觉得胃舒服了，就用美食把可怕的冒险幻想在我身上堆积起来。尤其在熏肉铺前，我要满足这个愿望。我看着一根香肠，标签上写着陈年硬质家用香肠，我便在臆想中用满口牙齿咬进去，迅速、规律并毫无顾虑地咽下去，像一台机器一样。即便这个臆想中的行为也立刻产生出一种绝望，使我更加慌乱。我嚼都不嚼就把肋条肉上长长的肉皮塞进嘴里，然后撕裂胃和肠，把它们从后面拽出来。我把脏兮兮的食品店吃得精光。用鲱鱼、黄瓜和所有劣质的、存放很久的、刺激性的食物塞满自己。小糖果像冰雹似的从它们的铁罐中倒进我肚子里。通过这种方式，我不仅享受我的健康状态，也享受一种没有疼痛、转瞬即逝的苦楚。

这是我的老习惯，我不允许纯粹的印象在我整个身体里舒舒服服地流淌，而是用新的、难以预料的、模糊不清的印象将它们搅浑并赶走，无论它们是痛苦还是快乐的，哪怕它们已经达到了最纯粹的境地。这并非是出于伤害我自己的邪恶用意，而是因为软弱无法承受那个印象的纯粹性。不过这种纯粹性与其说没有被认可，不如说是在内在的平静下，通过看似随意唤起新的印象来试图帮助自己，而不是将自己暴露出来，并将别的力量唤来支持自己，当然这件事本身是正确的。例如我在星期六的晚上，在听完奇西克小姐出色的中篇小说之后就是如此，不过这部小说更多地属于马克斯，至少在更大的篇幅上比小说自身更多的补充内容是属于他的。然后，在听完鲍姆的《竞争》这个精彩的剧本后也是如此，在剧本中可以看到在创作和效果上持续不断的戏剧力量，如同在一个生气勃勃的手工匠人的作品中看到的那样。在听完这两部文学作品之后，我感觉受到如此沉痛的打击，数日以来我已经颇为空虚的内心又猝不及防地被这样一种剧烈的悲痛给填满，以至于我在回家的路上向马克斯声明，从《罗伯特和萨穆埃尔》里可能什么也得不出来。对于这个声明，当时不论是我还是马克斯都不需要一丝勇气。接下来的谈话让我有点混乱，因为《罗伯特和萨穆埃尔》当时远非我主要关心的事情，所以我没有为马克斯的不同意见找到正确答案。可是后来当我独自一人的时候，不仅困扰我的悲痛因为这个谈话消失不见，马克斯在场的这种几乎一直有效的慰藉也消失了，我的绝望发展到了如此地步，它甚至开始瓦解我的思想（这时候，当我吃完饭休息的时候，勒维来到我的住处，扰乱我的思绪，使我从7点到10点都感到愉快）。不过我没有在家里等待接下来要发生的事，而是胡乱翻看两册《行动》，读了一点《厄运》，最后还读了我的巴黎笔记，然后上床睡觉，真的比之前满足了一些，但是依旧顽固不化。这与几天前的情况类似，当时我从一次明确模仿勒维的散步中回来，带着他表面上向着我的目标的鼓舞之力。那时我也在家里读书，说了很多乱七八糟的话，而后筋疲力尽。

〈1911 年〉11〈10〉月 31 日

尽管我今天不时地读着费舍尔的目录、《海岛年鉴》、《环视》，我现在却非常清楚地认识到，所读到的一切要么被我牢牢记住了，要么即便短暂易逝，也抵御了一切伤害。假如今晚不必再跟勒维一起外出的话，我会对自己有足够的信心。

今天中午有一个媒婆因为一个妹妹的事来我家，在她面前，出于一些杂七杂八的原因，我有一种视觉受压迫的窘迫感。这个女人穿了一件衣服，年代久远，破旧不堪，脏污狼藉，仿佛蒙上了一层灰蒙蒙的光。她站起来时双手留在腹部的位置。她是个斜眼，如此一来，当父亲问我一些关于那个被介绍的年轻男子的事情，而我不得不看向他的时候，要忽视她就更难了。可恰恰相反，我又少了一些窘迫感，因为我面前摆着午餐，我把三个盘子里的东西制成一种混合食物已经够忙的了，没有一丝窘迫。正如起先我只从局部观察的那样，她的脸上有那么深

的皱纹，使我想到那种无法理解的惊讶表情，动物肯定就是用这种表情观察这张人脸的。在她身上，引人注目的是那个从脸上杵出来的小鼻子，在凸起的末端显得格外生硬。

―――――――――

星期天下午，当我要越过三个女人走进马克斯的房子时，我想：还有一两个房子，我可以在里面做些事情，走在我后面的女人们还能在一个星期天的下午看见我为了做一项工作、进行一段谈话拐进一个房门，她们有目的地、匆忙地、仅为例外地从这个方面猜测此事。这肯定不会持续很久。

―――――――――

我特别大声地朗诵威廉·舍费尔的中篇小说，同样聚精会神地享受着，就像我在自己的舌头上面牵引一根细绳一样。昨天下午，起初我没能很好地忍受瓦莉，可是当我把《厄运》借给她的时候，她已经读了一会儿，肯定已经受了这个故事很大影响，由于这种影响我喜欢上她并抚摸了她。

―――――――――

为了不忘记我的父亲又一次称我是坏儿子的事情，我为自己记录下来，他在几个熟人面前，没有特别的理由，不管是单纯地为了压制我，还是臆想地拯救我，他称马克斯是一个"疯癫古怪的人"。昨天当勒维在我屋里的时候，他嘲讽地摇晃着身体、歪斜着嘴巴，谈论那时进入住处的陌生人，什么事会让陌生人感兴趣，为什么要建立毫无用处的关系，等等。——我本不该记下这些，因为我完全是把自己写进了对我父亲的憎恨之中，对于这种憎恨，他今天却给不出什么理由，至少由于勒维，这种憎恨与我写下来的对我父亲的看法相比太过强烈，甚至在加剧，以致我不能去回忆父亲昨天的行为中原本的罪恶。

1911 年 11 月 1 日

今天开始如饥似渴地、幸福地读着格雷茨的《犹太教历史》。因为我对它的渴念已经远超过了阅读本身，起初它比我想的要陌生些，我必须不时停下来，以便通过休息让我的犹太特性聚集起来。不过在接近结尾处，新征服的迦南的第一批居民点的不完善和人民英雄（约书亚、士师们、伊利斯）对这种不完善的忠实的流传，已使我感动。

昨天晚上，与克卢格女士告别。我们（我和勒维）跟着火车跑，看见克卢格女士在最后一节车厢里一扇关闭的窗子后面向外张望。她还在车厢里的时候，飞速地将胳膊伸向我们，站

起来，打开窗，披着敞开的外衣在里面站了片刻，直到她对面黑暗中的克卢格先生站起身，他只能怨愤地张大嘴巴，然后又似乎紧紧地永远闭上了。在那 15 分钟里我与克卢格先生所谈甚少，大概只看了他两眼，通常我在柔声细语、断断续续的谈话中无法将眼睛从克卢格女士身上移开。她完全被我的存在给控制住了，不过比起现实，更多的是在她的臆想中。当她用那句常见的开场白"你，勒维"向勒维求助时，她是在向我说话，当她紧贴着她的丈夫时，他有时只让她用右肩挨着窗户并压着她的衣服和鼓起来的外衣，她是在努力给我一个无聊的信号。我在这演出里得出的第一印象是，我并没让她感到特别舒服，正确的印象大概是，她很少要求与我一起唱歌，她在十分没有心情的时候问了我些什么，可惜我回答错了（"您懂这个吗？"我说"懂"，可她要的答案是"不懂"，这样她就能回答"我也不懂"），第二次她没有将她的风景明信片给我。我偏爱奇西克女士，我要把鲜花献给她，这伤害了克卢格女士。然而这种厌恶被对我的博士学位的尊重抵消了，它没有被我的童颜所妨碍，是的，反而因此有所增强。这种尊重是如此强烈，因而在虽然常见但完全不用特别强调的致辞"您知道吗，博士先生"中听起来有点这样的感觉，即我半无意识地感到遗憾，因为我远远配不上它，并且问自己是否需要从每个人那儿得到完全一样的致辞。但是，因为我作为人受到他们如此的尊重，那么我作为观众就更应该如此。她唱歌的时候，我光彩熠熠，她在舞台上时，我一直笑着，注视着她，我跟着唱那些曲子，后来跟着说那些台词，我在几场演出之后向她致谢，因此，她自然又能很好地忍受我了。可是如果她出于这种感觉跟我交谈，我就觉得尴尬，没什么要说的，这也让她很尴尬，因此她的内心肯定回到了她最初的那种厌恶中去，并停留在那儿。她肯定会更加努力地把我当作观众来回报，她喜欢这么做，因为她是一个爱慕虚荣的演员和好心肠的女人。特别是当她在那里，在上方的车厢窗子里沉默不语时，她看着我，嘴巴因尴尬和狡黠而出了神，从嘴边延伸出来的皱纹上飘浮的眼睛眯了起来。她一定以为我爱上了她，不管怎样，她用这种目光给了我唯一的满足，这是她作为一个有经验却年轻的女人，一个好妻子和母亲，能够给一个她想象中的博士的满足。这种目光是如此迫切，并被这样的措辞如"这里有如此可爱的客人们，尤其是某些人"支撑着，以至于我有些抗拒，这是我看她丈夫时的眼神。当我将他们两人做比较时，我毫无缘由地感到惊讶，他们一起从我们这儿离开，却只关心我们，不看彼此一眼。勒维问，他们是不是有了好位置。是的，如果还是这样空着的话，克卢格女士回答说，并匆匆朝那个车厢里面看去，那里温暖的空气被那个抽烟的男人给毁了。我们谈到了他们的孩子们，他们是为了让他们高兴而离开的。他们有四个孩子，其中三个男孩，最大的9岁，他们已经有18个月没见到他们了。当附近的一位先生迅速上车时，列车似乎要开动了，我们匆忙道别，彼此伸出手，我拿起帽子并放在胸前，我们退回去，正如人们在列车开动时做的那样，要以此表示，一切都过去了，人们已经接受了这些。可是列车还没有开动，我们又走近了，令我非常高兴的是她打听了我姐妹的事。列车出人意料地开始慢慢行驶了，克卢格女士准备用她的手帕致意,我想给她写信,她还大声问我是否知道她的地址,可她已经离得太远了,我没法用语言回答她,我指了指勒维,从他那里我可以知道地址,这样不错,她迅速向我和他点点头,任手帕飞舞着,我拿起帽子,起初有些笨拙,后来她离得越远,我就越自如。后来我想起来,我有那样一种印象,那辆火车根本没有驶离,只是在火车站行驶了一小段路,为了给我们演一出戏,然后就消失了。当天晚上,在半睡半醒中,克卢格女士出现在我面前,反常地变矮小了,几乎没有腿,双手扭在一起,面部变了形,好像发生了巨大的不幸。

今天下午,孤独的痛苦如此尖锐而猛烈地向我袭来,使我意识到,我通过这次写作获得的力量,会以这种方式消耗殆尽,而实际上我并不想把这力量用在这上面。

克卢格先生凡到一个新城市,人们就会注意到,他和他夫人的首饰是如何在当铺里面消失的。在离开之际他又慢慢将它们赎回。

哲学家门德尔松的夫人最喜欢的一句话：在全世界面前我是多么悲惨！

与克卢格女士告别时最重要的印象之一是，我必然一直相信，作为一个普通的中产阶级女性，她在她真正的人类使命之下用力坚持着，只需奋力一跃，只需闯开大门，只需一盏开亮的灯，就可以成为演员，并使我臣服。她确实也真正站在了上面，我在下面，像在剧院里一样。——她16岁结了婚，现在26岁。

1911年11月2日

今天早上，长久以来第一次又因为想象一把刀子在我心中转动而感到快乐。

在报纸上，在谈话中，在办公室里，具有诱导性的常常是语言的脾性，然后是从当前的一个弱点中产生的、对于下一刻突然出现愈发强烈的幡然醒悟的希望，或者是强大的自信本身，或者是唯一的疏忽，或者是一个眼下的伟大印象，人们不惜一切代价也要将它转嫁给未来，或者是一种观点，认为眼下真实

的热情是对未来一切漫不经心的辩护，或者是几个句子带来的快乐，句子中间被撞了一两下之后鼓起来，使嘴巴渐张到最大，然后又太过迅速且迂回地使嘴巴闭上，或者是一种可能做出果决明确的判断的迹象，或者是一种将本已结束的演讲继续推动下去的尝试，或者是对匆忙地、必要时匍匐离开主题的一种要求，或者是正在为其沉重的呼吸寻找一条出路的绝望，或者是对一束没有阴影的光的渴念——这一切都能够诱导出一些句子，如："我刚刚读完的这本书是迄今为止我读过的最美的书，或者我还从未读过如此之美的书。"

为了证明我关于那些演员所写和所想的一切都是错误的，他们（除了克卢格夫妇外）又待在这儿了，正如勒维对我叙述的那样，昨晚我碰到了他。谁知道，他们今天会不会又因为同样的原因离开，因为勒维今天没有到商铺里报到，尽管他承诺过要来的。昨天咖啡馆老板的儿子赫尔曼还——

1911年11月3日

为了证明我写下的两个方面都是错误的，证明这一点看上去几乎是不可能的，昨天晚上勒维亲自过来，并且打断了我的写作。

卡尔[1]的习惯是用同一种语调重复所有事情。他向某人讲述一段他生意上的故事，没有那么多细节，因为细节本身可能会最终毁掉这个故事，但总还是以一种缓慢的并且只有这样才彻底的方式来讲述，这种讲述没有别的意思，因此在其收尾的时候也就结束了。时间随着另一件事情消逝了，他突然找到一个向他的故事过渡的地方，又把那段故事按照它的老样子拉了出来，几乎没有补充，但也几乎没有删减，带着那种背着暗中缝在他背上的带子满屋转悠的人的无害属性。我的父母特别喜欢他，因此他们感受到他的习惯比他们发现的要更强烈。——就是这么凑巧，他们，尤其是我的母亲，不知不觉地给了他重复的机会。倘若在一个晚上重复一段故事并不合时宜，那时母亲就会带着好奇心询问，当然正如人们所料，问了问题之后就停不下来了。在那些已经重复过、以其本身之力可能无法再出现的故事背后，母亲依旧一本正经地在那些晚上之后用她的问题追问。不过，卡尔的习惯是如此有主导性，使它常常有力量彻底地为自己辩白。没人能用一种如此固定的频率向一个个家庭成员讲述一个基本上和所有人有关的故事。那么这个故事几乎得在人们在场时，对着慢慢悠悠隔一会儿增加一名成员的家庭圈子十分频繁地讲述才行。因为我就是那个唯一知道卡尔习惯的人，因此我也常常是那个最先听到这个故事的人，这些重复带给我的只是一种观察得到证实的小小愉悦感。

---

[1] 卡夫卡的妹夫卡尔·赫尔曼。——译者注

———————

我嫉妒，但很爱鲍姆那所谓的成功，这时的感觉是，在身体中间有一个线团，它迅速用无穷无尽的线缠绕起来，将这些线从我身体的边缘紧紧地拉向它本身。

———————

勒维——我的父亲对他的评价——谁和狗一起上床睡觉，谁就会带着虱子起床。我无法克制自己，说了一些乱七八糟的话。父亲对此的反应出奇地平静（当然是在被别的事情填满的长时间的停顿之后）："你知道的，我不能激动，我必须保重身体。就这样你还用那些事情来烦我？我已经受够了激动了，彻底够了。所以不要用那些话来烦我了。"我说："我在努力克制自己。"我在父亲那里，像往常一样，在那些极端的时刻感受到了一种智慧的存在，从这种智慧中我只能抓住一次喘息的机会。

———————

勒维的祖父去世了，他是个豪爽的人，会几种语言，曾经去俄罗斯做过几次规模较大的深度旅行。有一次，星期六他在也卡特里诺斯拉夫的神奇拉比那里拒绝吃饭，因为那位拉比的儿子的长发和彩色围巾让他怀疑这个家庭的虔诚。——床搁在房间中央，烛台是从朋友和亲戚那儿借来的，因此房间里充满了蜡烛的光与烟。为了从这位虔诚之人的死亡中得到宽慰,大概40个男人整天守在他的床四周。直到临终时他都是清醒的,准确地在特定时刻将手放在胸口,开始背诵为此刻而定的祷告文。在他痛苦之时及他死后,祖母在女人们聚集的隔壁屋里哭得停不下来,可在他弥留之际,她却相当平静,因为她坚信这样能尽量为临终者减轻死亡的痛苦。他随自己的祷告逝去。经历了如此虔诚的一生之后,他的这种死亡被许多人羡慕。

逾越节。一个富有的犹太人社团租下了一家面包店,它的成员承担起为家族的首脑们制作所谓的18分钟未发酵面包的所有工作:取水,使水达到犹太教规定的洁净标准,揉面,切面,打孔。

1911年11月5日
昨天看了《巴尔·科赫巴》之后睡了觉。
从7点开始跟勒维一起,朗读了他父亲的信。晚上在鲍姆那里。

我要写作,可是额头一直在发抖。我坐在我的屋子里,在

整个住宅喧闹的集中地。我听见所有门的撞击声，它们的噪声只让我免于听到在它们之间跑动的人的脚步声，而我还听到了厨房灶门关闭的声音。父亲冲破了我的房门，穿着拖沓的睡袍穿过我的房间，从隔壁房间的炉子里抓了一把灰，瓦莉的喊叫声穿过前厅，像穿过巴黎的街道一样，稀里糊涂地问父亲的帽子是否已经刷过了，一阵想要与我交好的咝咝声提高了回答的嗓门儿。房门被按开了，像从得了黏膜炎的嗓子里发出的嘈杂声，然后随着一个短促的女声唱腔继续开大，又随着男人般沉闷的冲击声关上，这声音听起来极其肆无忌惮。父亲离开了，现在开始了轻柔的、分散的、毫无希望的嘈杂声，由两只金丝雀的声音领头。我以前就想过，听到金丝雀的声音时我突然重新想起来，我是否该将门打开一道小缝隙，像蛇一样爬进隔壁房间，这样就能在地板上请求我的姐妹们和她们的保姆们安静下来。

昨天晚上，当马克斯在鲍姆那里朗读我的汽车小故事时，我感觉到心酸。我与所有人隔绝了，面对这段故事，我将下巴死死地压在胸口。这个故事杂乱无序的语句中带着许多空隙，以至于人们可以将双手插进这缝隙之间；一个句子听着高昂，一个句子听着低沉，这是怎么回事；一个句子与另一个句子摩擦，就像舌头在一颗蛀空的牙齿或者假牙上摩擦一样；一个句子以一个如此粗糙的开头推进，以至于整个故事陷入了一种愠

怒的诧异之中；懒洋洋地模仿马克斯（指责声减弱——增强）摇摇晃晃地进来，有时看起来像是一节舞蹈课的前十五分钟。我这么向自己解释，我拥有的时间和安静的时候太少，以至于我没法将我的潜能完整地从体内激发出来。因此，显露出来的总是断断续续的开头，例如，断断续续的开头贯穿了整个汽车故事。要是有一天我能写一个更长的完整的故事，从头到尾都构思得很好，那么这个故事最终也不可能脱离我，我可以好好地、睁开双眼、以至亲的身份去听一个健全的故事被人朗诵，可是如此一来，故事的每一小段就无家可归地四处游荡，并且将我驱赶到对立的方向。——此外，我也许还是高兴的，倘若这个解释正确的话。

戈登法登的《巴尔·科赫巴》的演出。

对这部剧的错误评价充满整个大厅和舞台。我为奇西克女士带来了一束花，上面附了一张名片，写上了我的谢意，我等待着可以将这束花献给她的那一刻。这时演出开始得迟了，奇西克女士的那场戏要到第四幕才上演，我因为这束花可能会枯萎而焦躁和担心，因此在第三幕时（已经是11点）就已让服务员拆掉花的包装。此刻它们在桌子的一边摆放着，炊事员和几个脏兮兮的常客一个个凑过来，嗅着花香，我只能忧虑且愤怒地看向他们，别无他法。在她那场在监狱里的主场景中，我很爱奇西克女士，但在内心里催她赶紧结束，最后这一幕因为我走了，神不知不觉地结束了，服务员递上了那束花，奇西克女士在幕布合上的时候接受了这束花，她在幕布的一条缝隙中鞠了躬，然后再也没回来。没人发现我的爱情，我本想向所有人展示这份爱情，以此使奇西克女士看到它的宝贵之处，可几乎没人注意到这束花。此时12点已过，所有人都疲惫了，几个观众已经提前离开，我饶有兴致地把我的玻璃杯朝他们扔去。——和我在一起的是来自我们公司的巡视员波科尔尼，一个基督徒。一般情况下我还是挺喜欢他的，可他打扰到了我。我担心的是那束花，不是他的事情。此外我知道，他对这部剧理解得不好，而我没有时间，没有兴趣，也没有能力把他认为不需要的帮助强加给他。最终我在他面前感到羞愧，因为我对他的关照是那么糟糕。他也打扰了我和马克斯的交流，甚至通过回忆提醒我，我以前喜欢他，以后还会再喜欢他，而且他可能会责怪我今天的行为。——然而不只是我遭受了这样的打扰。马克斯由于他在报纸上的那篇赞赏文章也负有责任。这对于贝格曼陪同的犹太人而言太迟了。巴尔·科赫巴协会的成员是冲着这部剧的名字而来的，他们必然感到失望。因为我是从这部剧里才认识巴尔·科赫巴的，大概不会以此称呼任何协会。大厅后面，两个女售货员穿着她们的少女晚礼服和追求者们在一起，她们在死亡那一幕里因为被大声呵斥而不得不安静下来。最后，街上的人因为从舞台上看到的东西太少而愤怒地敲打大玻璃窗。

舞台上少了克卢格一家。可笑的临时演员。"粗鄙的犹太人。"如勒维所说。顺便提一下，商务旅行者也得不到酬金。他们大部分情况下要做的是掩藏或享受他们的大笑,尽管他们一般情况下是心怀好意的。一个金胡子、圆脸蛋的人笑起来特别滑稽,人们面对他时几乎没法克制自己不去大笑,因为他那粘上去的络腮胡子抖动得很不自然,在这无疑未曾设计的大笑中,络腮胡子的边缘别扭地扯住了面颊。第二个人是想笑就笑,但后来笑了好久。当勒维唱着歌死去时,当他蜷缩在这两位老者的臂弯里,应当随着弱下来的歌声慢慢滑到地上时,他们在他背后将头靠在一起,为了在观众看不见的情况下(正如他们以为的那样)最后一次笑个够。昨天当我在午饭时回想起此事,我还忍不住笑了出来。——奇西克女士在监狱里不得不为来访的醉醺醺的罗马总督(那位年轻的派普斯)拿下头盔,然后给自己戴上。当她拿下头盔时,一块被挤压了的毛巾掉了出来,显然这是派普斯塞进去的,因为这头盔压得他太难受了。尽管他肯定知道,这头盔要在舞台上被拿下来,他责备地看着奇西克女士,忘记了他的醉态。——美好的事:如奇西克女士从罗马士兵们的手下曲折地穿过(她自然是必须先把他们拉到自己这边,因为他们显然害怕碰她),在此期间,这三个人的动作通过他们的担心和技巧几乎,只是几乎,合上了歌声的节奏;她在那首歌曲里预告弥赛亚出场,没有干扰到歌曲,只是因其能力,通过小提琴弓弦的拉动将竖琴演奏表现出来;在监狱里,由于脚步声经常逼近,她中断了她的哀歌,赶紧去脚踏式磨盘那里唱着劳动的歌,转着磨盘,然后又离开那里,唱着自己的歌,然后又跑向磨盘,就像她在睡觉时唱的那样,当派普斯探访她的时候,她的嘴巴张开得像眯着的眼睛,她的嘴角张开时一般能让人想起她的眼角。——她裹着白色的面纱，如同裹着黑色面纱时那样美丽。——从她身上发现的最新姿势：手深深地压在不怎么好看的紧身围腰上，在嘲弄时短促地耸耸肩和臀，特别是当她把背转向被嘲弄的对象时。——她像个家庭主妇一样指导着整场演出。她给所有人悄悄提示，自己却从不停顿；她教导那些临时演员，请求他们，如果必要的话最后猛推他们一把；当她不在舞台上时，她清亮的声音混杂进舞台上微弱的合唱声中；她守着西班牙墙（这面墙在最后一幕中代表城堡），不然临时演员也许会将它撞倒十次。——我曾希望通过那束花让我对她的爱得到一点点满足，可这完全无济于事。只有通过文学或通过同房才能得到满足。我写这一点不是因为我不知道，而是因为经常把告诫写下来也许是有好处的。

1911年11月7日　星期二

昨天演员们和奇西克女士终于离开了。晚上陪勒维去了咖啡馆，我却在外面等着，不愿进去，不愿看见奇西克女士。可在我来回踱步的时候，我看见她打开门和勒维一起出来，我打着招呼向他们迎面走去，在马路中央与她相遇。奇西克女士用她那发音华丽却自然的元音来感谢我送她的花束，她刚刚得知那束花是我送的。由此可见，勒维这个骗子什么也没跟她说。我为她担心，因为她只穿了一件薄薄的深色短袖衬衫，我请她——为了催促她，我几乎快要碰到她——进小酒馆里面，这样她就不会着凉。不会的，她说，她不会着凉的，她有一条围巾，她将围巾稍稍举起来展示了一下，然后把它围着胸口缠得更紧了一些。我无法对她说，其实我并不是担心她，而只是愉快地找到了一种感觉，我可以在其中享受我的爱情，因此我又跟她说，我有些担心。在此期间，她的丈夫、孩子和派普斯先生也走了出来，这表明他们完全没有像勒维让我相信的那样确定要去布尔诺，相反，派普斯甚至决定去纽伦堡。这想必是最好的选择，在那里也许容易找到一间大厅，犹太教区兴许很大，此外，去莱比锡和柏林的旅途大概非常舒适。另外，他们也许讨论了一整天，而勒维，那个一直睡到四点的人，让她干等着，使她错过了七点半那趟去布尔诺的列车。带着这些观点，我们走进一家小酒馆，在一张桌旁坐下，我和奇西克女士面对面。我大概十分想要表现自己，这本身并不是什么难事，要是我知道一些火车线路，能区分火车站，能够在纽伦堡或布尔诺之间做出决定，但首先若是我能盖过派普斯的声音就好了，他像在演他的巴尔·科赫巴一样，勒维十分冷静地，即便是无意地，用一种非常迅速而不容打断的、至少当时对我而言颇为费解的、中等强度的胡说八道把派普斯的喊叫声给比下去了。此刻我没有表现自己，而是坐在沙发椅里，整个身体沉陷进去，从派普斯这边看向勒维那边，偶尔会在这个过程中碰到奇西克女士的眼睛；不过当她用眼神来回答我时（比如她肯定只是由于派普斯激动才冲我微笑时），我会把目光移开。这并非毫无意义。我们之间不可能因为派普斯激动而有什么微笑。因此，我面对她的脸过于严肃，而且我被这种严肃搞得颇为疲惫。当我因为随便什么事情要笑出来时，我可以越过她的肩膀，看那个在《巴尔·科赫巴》里面饰演总督夫人的胖女人。但是，其实我也不能严肃地看着她。因为那将意味着我爱她。甚至连我身后那个完全纯真的小派普斯也一定看出了这一点。这大概真的是闻所未闻。我这个一般情况下会被人们看作是18岁的小伙子的年轻人，当着萨沃伊咖啡馆夜晚客人们的面，在站着的服务员围成的圈子里，当着同桌就餐的演员们的面，向一个三十岁的女人——几乎谁都不认为她漂亮，她有两个孩子，一个10岁，一个8岁，她的丈夫坐在她旁边，她是正派和节俭的楷模——向这个女人宣布他的爱，他完全陷进其中，并且——现在这件原本值得关注的事出现了，当然没人曾注意到此事——立刻放弃了这位女士，就好像假如她年轻而且单身的话，他自己也会放弃她一样。尽管经历了所有不幸，我仍能感受到爱情，一种超脱世俗又归于世俗的爱，对此我是该感激，还是该咒骂呢？奇西克女士昨天是美丽的。小巧的手、玲珑的指尖、扁平的前臂有着原本标准的美，本身是那么完美无瑕，因而就算是这种异乎寻常的裸露也不会让人去想身体的其他部分。头发分成两股波浪，被煤气灯照得发亮。右边嘴角的皮肤略微有些不光洁。她的嘴张开，像要发出孩童般的抱怨，上下开合形成精致的曲线，人们以为只能成功实现一次这种美妙的构词，它将元音的光芒在词句中扩散开来，并用舌尖保持住词句纯粹的轮廓，于是赞叹它的经久不衰。凹陷的、苍白的前额。我讨厌迄今为止见人用过的脂粉，不过，倘若这种白色、这层轻轻地浮荡在皮肤表面的、有点浑浊的奶色面纱源自脂粉的话，那么所有人都该扑粉。她喜欢将两根手指放在右嘴角边，也许她也将指尖放进了嘴里，是的，也许她甚至还把一根牙签放进了嘴里；我没看清楚这些手指，不过看起来几乎是这样，就好像她把一根牙签放进一颗蛀牙里，并且让它在那儿停留了一刻钟。

1911年11月8日
因为工厂的事整个下午待在博士[①]那里。

这个姑娘挽着她情人的手，只因为如此，她便安心地四处张望。

卡尔那里的女店员让我想起一年半之前在巴黎歌剧院里饰演马内特·萨洛蒙的女演员。至少是在她坐着的时候。一对柔软的、与其说高耸不如说是宽大的乳房被毛茸茸的料子挤压着。

[①] 这位博士是名为罗伯特·卡夫卡的律师。——译者注

一张一直到嘴部都很宽、接着却迅速变窄的脸。在光滑的发型里难以显现的自然卷发。强健的身体里有着热情与平静。正如我此刻意识到的,记忆越发清晰,我想起来,她卖力地工作着〔在她的打字机上,按键(奥利弗系统)飞快地舞动,像旧时代里的织针一样〕,也到处走动,可是在半个小时里几乎没说几句话,好像是把马内特·萨洛蒙留在了心里。

―――――――――

当我在博士[①]那里等待的时候,我看着这样一位打字小姐,并思索着,乍一看她的脸本身是多么难以辨认啊。尤其使人困惑的是那个扯开的、几乎与头围等宽、在头顶凸起来的发型与那大多数情况下显得过长的直挺的鼻子之间的关系。当那位恰巧在读一幕剧本片段的姑娘突然转身时,差点儿发现我在观察她,我在想,对这位姑娘而言我更加陌生了,比我的小手指轻轻拂过她的裙子时还要陌生。

―――――――――

当博士[②]念到那份协议中关于我未来可能出现的妻子和孩子的地方时,我发现对面有一张桌子和围着它的两把大椅子、一把小椅子。当我想到,我绝不可能让我和我的妻子、孩子一

―――――――――

[①][②] 这位博士是名为罗伯特·卡夫卡的律师。——译者注

起坐上这些椅子或者随便哪把椅子上时,我从最开始得到的便是对这种幸福如此绝望的渴求,以至于在这种激动的行为下,向博士提出了我在这冗长的朗读中唯一持有的问题,这立刻暴露了我对刚刚读完的一大部分协议内容的彻底误解。

继续告别:见到派普斯时,由于我感觉受到了他的压制,我首先看到的是他那锯齿状和有黑色孔洞的牙根。我终于得到了半个灵感。"为什么要在一趟列车里一直坐到纽伦堡那么远呢?"我问道。"为什么不在一个较小的途经站点进行一两场演出呢?""您知道这样的站点吗?"奇西克女士问,语气远非我写下的那么犀利,她以此种方式迫使我注视她。从桌子上方可以看见她的整个身体,浑圆的肩膀,柔软的背部和胸部,尽管她在舞台上穿着欧式服装时骨瘦如柴,身材近乎粗野。我可笑地说出了比尔森这个名字。邻桌的常客们十分冷静地说出了特普利采。奇西克先生大概是赞成每个途经站点的,他只对小型演出有信心,奇西克女士也是这样,而他们彼此之间没有太多沟通,此外她向周围打听票价,他们通常会说,只要挣到一点生活费就够了啊。她的女孩在她胳膊上磨蹭着脸颊;她肯定没感觉到,但是对于成年人而言,会产生这种天真的信念,认为一个孩子在他的父母身旁便什么事也不会发生,即便他们是漂泊的演员,而且真正的担心并不会那么接近小孩,只会出现在成年人的脸上。我非常赞同去特普利采,因为我可以为他们给

波拉切克博士写一封介绍信，这样就可以为奇西克女士效劳了。在派普斯的反对下，他径自做了三个阄儿，分别写着三个可能的城市，热情地主导着这场抓阄儿活动，特普利采在第三轮被抓中了。我走向邻桌，兴奋地写着介绍信。我告了辞，托词说必须回家去打听波拉切克博士的详细地址，当然这并没有必要，而且家里也没人知道这个地址。我尴尬地握了握这位女士的手，摸了摸她女儿的下巴，这时勒维做好了陪我走的准备。

1911年11月9日

前天做了个梦：喧闹的剧院，我一会儿在上面的顶层楼座，一会儿在舞台上，几个月前我喜欢上的一个姑娘也参与了演出，当她在惊吓中紧紧抓着椅背时，她柔软的身体绷得紧紧的。我从顶层楼座上指向那个饰演女扮男装角色的姑娘，而我的同伴并不喜欢她。有一幕的舞台布景实在是太大了，导致其他什么都看不见，没有舞台，没有观众厅，没有黑暗，没有舞台灯光；更确切地说，是所有观众出现在一幕场景中，这场景描述了老城区的环形路，大概是从尼克拉斯大街的路口看出去的视角。尽管人们原本不可能看见市政厅时钟前面的广场和小环形路，然而舞台地面短距离的回转和缓慢的摇晃却使人能够看见，譬如从金斯基皇宫往外眺望这条环形小路。尽可能地展示整个舞台布景，这是毫无意义的，因为它们此刻已经以这种完整性呈现在那里，也许也因为忽略掉这个舞台布景上的某些东西令人遗憾痛哭，因为我十分清楚，这舞台布景是整个地球有史以来最美丽的。照明由暗淡的秋天的云彩调节，阴郁的太阳光线零落地洒在广场东南边的一扇扇玻璃窗上。由于一切都是按自然的大小、没有半点弄虚作假制作的，于是适度的风将一些窗扉吹开又吹合，在高大的房子里听不见一点儿声响，这就形成了一幅动人心弦的画面。广场倾斜得厉害，铺石路面几乎是黑色的，泰恩教堂在它原来的地方，它前面却有一座小皇宫，在皇宫前院，除了伫立在纪念碑旁的某些东西外，一切都井然有序地聚集在那儿：马里恩纪念柱、我自己从未见过的市政厅古老的喷泉、尼克拉斯教堂前的喷泉，以及一个用厚木板条围起来的栅栏，人们为了给胡斯纪念碑挖地基，现在才将它修筑起来。戏里演的是——人们在观众厅里常常忘记这只是在台前和幕后演戏——一场皇家庆典和一场革命。革命的声势如此浩大，广场上熙熙攘攘挤满了大批人群，这在布拉格是前所未有的；显然人们只是因为舞台布景将这场革命移到了布拉格，而它原本该发生在巴黎。一开始人们从庆典里看不出什么来，无论如何宫廷侍从已经去外面的庆典了，就在这时革命爆发了，百姓们闯入宫殿，我本人正好越过前院的喷泉跑到了空旷的地方，不过宫廷侍从想回皇宫是不可能的了。这时宫廷马车从艾森大街向这里驶来，速度如此之快，以至于他们不得不在距离皇宫入口很远的地方刹住车，刹车后车轮在铺石路面上滑行。这些车子同人们在人民庆典和游行中看到的一样，上面挂着生动的图画，这些画是平面的，用花环缠绕在四周，车板周围垂挂的彩色布幔遮住了车轮。人们愈发意识到马车疾驰所意味的恐惧。

在入口前腾跃而起的马匹，好像没有意识一样，将车子从艾森大街呈曲线形拖进了皇宫。就在这时，有许多人经过我身边向广场蜂拥而去，大部分是我在街道上认识的观众，他们也许现在才赶到。他们中也有一个我认识的姑娘，我却不知道是哪个；走在她身旁的是一个年轻风雅的男子，他穿着黄褐色小方格双排扣大衣，右手深深地插在口袋里。他们往尼克拉斯大街走去。从这一刻起我再也看不见任何东西。

席勒在某处说过：重要的是（或者类似的话）"将情感转变为性格"。

1911年11月11日　星期六

昨天在马克斯那里待了整整一下午。确定了《丑图之美》文章的顺序。没什么好感觉。不过，正是在那个时候，马克斯非常喜欢我，或者只是看起来如此，因为我后来非常清楚地意识到我的功劳是那么渺小。不是的，他真的更喜欢我了。他还要把我的《布雷西亚》收入这本书。我心中所有的善意都在对此进行抵抗。我今天本该同他一起去布尔诺。我心中所有的丑恶和懦弱将我拦了下来。因为我无法相信明天我真的会写出一些美好的东西。

姑娘们穿着工作围裙，后面裹得特别紧。今天早上在勒维和温特贝格那里，一位姑娘的围裙只绑在臀部上面，围裙的布片不像往常那样规整地接合起来，而是胡乱累叠在一起，使她被裹得像一个褴褓中的婴儿。对此我的一种感官上的印象是，如同我总在无意识中从褴褓婴儿身上得到的印象，他们被那样挤压在褴褓里和床上，被人那样用带子捆绑，完全像是为了满足一种乐趣。

爱迪生在美国的一个访谈节目中讲述了他穿越波西米亚的旅行经历，他认为波西米亚相对较高水平的发展（城郊有宽阔的街道，房屋前有小花园，在驶过乡村的时候，可以看见正在建设的工厂）是基于捷克人大量移民来到美国这一情况，以及一个接一个从那里回来的人从美国带回了新的追求。

无论以何种方式，一旦意识到我对这些弊端听之任之，而我原本肯定是要去消除它们的（例如我已婚的妹妹表面上过着满意的生活，在我看来却是毫无慰藉的生活），我手臂上的肌肉就会瞬间失去知觉。

我会尝试逐渐将我身上所有确凿无疑的东西，之后是可信的东西，接着是可能的东西等聚集起来。在我身上确凿无疑的是那种对书籍的贪欲。其实并非想占有或阅读这些书籍，更确切地说，是想看见它们，让自己相信在一个书店的橱窗里有它们的存在。倘若在某个地方有更多相同的书，那么每一本都会让我感到高兴。就好像这种贪欲是从胃里产生的，仿佛它是一种被误导的食欲。我占有的书籍很少令我高兴，相反，我姐妹们的书籍倒真是令我欢愉。占有这些书籍的欲望小得无可比拟，几乎没有。

1911年11月12日　星期天

昨天黎施潘在鲁道尔菲奴姆的演讲"拿破仑传奇"。大厅相当空旷。像是为了检验演讲者的风度一样，从入口小门到演讲台之间的路上放着一架巨大的钢琴。演讲者走进来，想要看着观众，从最短的路走到他的演讲台上，不过当他走近钢琴时大吃一惊，退了回来，然后轻轻地绕过钢琴，而不再去看观众。在演讲结束的兴奋劲儿中，在响彻大厅的掌声中，他自然早已忘记了那架钢琴，因为在演讲过程中，钢琴已不再引人注意，他将双手放在胸前，想要尽可能迟一些转过身背对观众，因此优雅地向旁边挪了两步，这样当然就稍微撞上了那架钢琴，因此他在重新走上空地之前，不得不踮起脚尖儿，微微弓起背部。至少黎施潘是这么做的。——一个五十岁的高大强壮有腰身的人。死板的呈旋涡状的发型，就像都德的发型，没有遭到破坏，而是相当牢固地压在脑壳上。像所有上了年纪的南方人一样，他们有肥硕的鼻子和特有的宽大的、皱巴巴的脸，他们的鼻孔里会冒出一股强劲的气流，就像从马鼻子里喷出来的一样。面对他们，人们清楚地知道，这就是他们不会再被超越的、还会持续很久的脸部的最终状态，他的脸也让我想起在一撮非常自然地长出来的胡子后面的一位意大利老妇人的脸。——在他身后升起的音乐会指挥台新刷上了浅灰色油漆，一开始时让人迷惑。白色的头发简直与这个颜色贴合在一起，让人看不出什么轮廓来。当他把头向后仰时，那颜色动了起来，他的头几乎淹没在这颜色里面。当接近演讲的一半，注意力相当集中时，这种干扰才消失，尤其是在朗读的过程中，当他穿着黑衣的高大身躯站立起来时，当他挥动的双手引导着诗句时，那灰色便被驱散了。——一开始他觉得窘迫，十分殷勤地向四面八方鞠躬敬礼。在讲述一位他还认识的、身上有57处伤的拿破仑士兵时，他发现士兵上半身五彩斑斓的色彩只有伟大的调色师，如他在场的朋友穆哈，才能模仿。——我意识到，我更强烈地被讲台上的人感动到了。我不去想我的痛苦和忧虑。我原本挤缩在靠背椅的左角，却又被挤进演讲中去了，我双手交叉放在双膝之间。我感受到了黎施潘对我的影响，肯定就像萨洛蒙将年轻姑娘带到床上时感受到的一样。我甚至有一点点拿破仑的幻象，在完整的幻想场景里，他也是从入口小门处走进来，而他原本可以从木质讲台或从管风琴后面走进来。他征服了整个大厅，那个此刻密密麻麻挤满了人的地方。我离他是那么近，我真的从未有过、大概也不会对他的影响产生任何怀疑。我也许本该注意到他装束中每一个可笑的地方，就像在黎施潘身上注意到的一样，但这种意识并不会妨碍我。作为一个孩子，我对此是多么冷静啊！我常常希望自己被放在皇帝的对立面，以便向他指出他毫无影响力。这并不是勇气，只是冷静。——他朗诵诗歌就像在法庭上演讲一样。他敲打桌子，就像是战场上软弱无能的旁观者，摆动着伸开胳膊，在大厅中间为近卫军开辟了一条路，"皇帝！"他呼喊着，举起一只手臂当旗帜，军队在下面的平地上重复他的呼喊，给了他一种形式上的回应。——在他的青年时代，拿破仑的墓地每年开放一次，他那张涂了防腐剂的脸被展示给那些在人带领下列队经过此地的伤残士兵，此景与其说让人赞叹，不如说令人恐惧，因为这张脸肿胀起来，还略显绿色，因此不久之后墓地就停止开放了。可黎施潘还在他祖父的怀里看过这张脸，他的祖父曾经在非洲服役，指挥官专门让人为他打开那座坟墓。——他要吟一首诗（他拥有一种可靠的记忆力，原本当情绪激动时这种记忆力就始终存在），对此他早就提前宣告过，探讨过，将要吟咏的诗句已经因为他的这些话引发了一场小小的地震，在吟第一首诗的时候，他甚至说，他要用全部的热情来吟咏它。他确实这么做了——在吟最后一首诗时，他不知不觉地进入了诗句的高潮（维克多·雨果的诗句）。他慢慢起身，读完这几行诗之后也无法再安坐下来，凭借他在散文方面所拥有的最后一丝威力来进行和保持这项伟大的吟诗运动。他在结束时立下誓言，哪怕经过一千年，他的尸体的每一粒尘埃假如还有意识的话，也做好了追随拿破仑召唤的准备。——他气喘吁吁地说道，法语本身承载了最单纯的即兴演说形式，接着在他多次提到那些将日常生活加以美化的诗人，他作为一个诗人的幻象（闭着眼睛），他作为一个诗人的幻觉（不情愿地张开眼睛看向远处）的时候，等等，他甚至连气也不喘，在这种情况下，他有时也会蒙住双眼，然后慢慢地、一根接一根地拿开手指，将眼睛露出来。——他服过兵役，他叔叔在非洲，他祖父在拿破仑麾下，他甚至还唱了两句战争歌曲的歌词。1911年11月13日，我今日得知，这个男人62岁了。

1911年11月14日　星期二

昨天在马克斯那里，他从布尔诺的演讲中回来了。

下午入睡时。坚硬的头盖骨裹着没有痛觉的脑袋，好像插得更深了，而且将额头的一部分留在外面，任凭光与肌肉自由嬉戏。

在一个寒冷的秋日清晨醒来，伴着金灿灿的光照。从几乎关上的窗户中挤过去，在坠落之前飘浮着，伸展胳膊，拱起肚子，双腿向后弯曲，就像古时候在船头上的人。

在入睡之前。令人讨厌的是做单身汉，是作为老年人，当自己想要与人共度某个夜晚的时候，在拼命维护尊严的情况下，还想请求别人接受自己，是手里拿着食物回家，无法安然自若懒洋洋地等待任何人。只能将疲惫和不快赠予别人，在门前道别，是从未能与他的妻子一起挤上楼梯。生病的时候，能够坐起来的时候，只有从他的窗子向外眺望聊以慰藉，在他的房间里只有通向陌生住处的边门，是感受到他亲戚们的疏远，只有通过婚姻这个途径才能与他们保持亲密的关系，首先是通过他父母的婚姻，然后，当这份婚姻失去效果时，就通过自己的婚姻，肯定得称赞陌生的孩子，而且不能一直重复：我没有家庭，因为家庭不是由一个人组建的，有一种不可改变的年龄感，自己的外表和举止是根据我们青年时期记忆中的一两个单身汉的形象形成的。这一切都是真实的，此外，人们只是容易犯一种错，就是将未来的痛苦在自己眼前那么严重地放大，致使目光必须远远地越过它并且不再返回，而实际上今天或以后人们自己却也会站在那里，有一个真正的身体，一个真正的脑袋，也有一个用来拿手拍打的额头。

现在试着起草《理查德和萨穆埃尔》的序言。

1911年11月15日

昨晚已经带着一种预感拉开床上的被子，躺下去，又察觉到了我全部的能力，就好像我把它攥在手里似的；它们使我的胸口紧绷，对我的脑袋煽风点火，为了安慰自己，不要为了工作而起床，我重复了片刻：这不可能是健康的，这不可能是健康的，并且要带着几乎显而易见的目标将睡意拽过头顶。我一直想着一顶带帽檐的帽子，我为了保护自己，用强有力的手将它压在额头上。我昨天失去了多少啊，血液是怎样蜷缩进狭窄的脑袋里，对一切事情都有能力，只是受到力量的制约，这力量对我单纯的人生而言是不可缺少的，在这里却浪费掉了。

肯定的是，我事先在良好的感觉下一字不差地，或者甚至只是顺带地、却是用明确的语句创作出来的东西，当我在书桌上试着写下来时，就看起来干巴巴的，颠来倒去，呆板僵硬，谨小慎微，与整体环境不搭，但主要是看上去漏洞百出，尽管如此，最初的创作也丝毫没有被遗忘。当然，这在很大程度上是因为，抛开落笔到纸面上不谈，只有在精神高亢的时候我才能够创作出好的东西，不管我有多么渴望这种高亢的时刻，但比起令我期待，它更令我恐惧，但是后来的成果是那么丰硕，以至于我必须抛弃一些，所以我冒冒失失随机地从这一连串思绪中拿出一些来，真是信手拈来，因此，深思熟虑写下的拿来之物，与囊括它在内的丰硕成果比起来，就什么都不是了，我没有能力将这丰硕的成果拿过来，因此它是糟糕的、烦人的，因为它的魅力无处施展。

1911年11月16日

今天中午在入睡之前——我却完全睡不着——一个女人的蜡像上半身躺在我身上。她的脸在我的脸上方向后弯曲，她的左前臂压着我的胸口。

三夜无眠，当我尽最小的努力去做些什么的时候，我的力量就会立刻耗尽。

摘自一本旧笔记："此刻，在晚上，我意识到，我从早上6点开始学习了之后，我的左手是怎样出于同情而握住右手手指那么长时间的。"

1911年11月18日

昨天在工厂里。乘电车返回，在一个角落里伸着腿坐着，看见了外面的人，商铺里亮着的灯，可通行的高架桥的墙壁，不断出现的背影和面孔，从近郊的商业街延伸出去的一条公路，路上除了回家的人以外没什么人影，火车站地段划破黑暗的灯光，低矮的、上端变得极细的煤气厂烟囱，一张女歌手德·特雷维尔巡回演出的海报，张贴在延伸到公墓附近的一条小巷的墙面上，后来它却又因为田野里的寒冷，同我一起从那里返回到适宜居住的温暖的城市。人们将陌生的城市当作事实来接受，那里生活的居民无法挤入我们的生活方式，正如我们无法挤入他们的生活一样，人们必须做比较，这是无法抗拒的，然而人们清楚地知道，这并没有道德价值，甚至连心理价值也没有，最终人们也常会放弃这种比较，因为生活条件上过于巨大的差异使我们放弃了这样的比较。不过，我们故乡城市的近郊虽然对我们而言也是陌生的，但是做比较在这里却是有价值的，半个小时的散步就可以不断地向我们证明，这里的人一部分生活在我们城市里面，一部分生活在贫瘠、黑暗、如同将巨大的山隘凿成千沟万壑的边缘，尽管他们所有人都有如此巨大的一个共同利益圈子，这一般是这座城市之外的任何人群都没有的。因为这样，我踏进城郊的时候总是带着一种混杂着恐惧、孤独、同情、好奇、傲慢、旅行之乐、男子气概的感觉，回来时则带着惬意、真挚和平静的感觉，特别是从齐兹科夫回来的时候。

1911年11月19日　星期天

梦：在剧院里。上演施尼茨勒的《广袤的土地》，由乌蒂茨改编。我坐在非常靠前的一条长椅上，我以为我坐的是第一条长椅，直到最后发现，那是第二条长椅。椅子靠背是转向舞台的，这样就可以舒服地看到观众席，转过去才能看到舞台。这位作者在附近的某个地方，我无法克制自己对这部我显然已经了解的戏剧做出差评，但要对此加以补充，第三幕应当是幽默的。我要用这个"应当"来再次说明，说到好的地方，我并不了解这部剧，并且肯定得听信一些传闻，为此，我再次重复这个评论，并非只为我自己，但也的确得不到别人的重视。围绕在我身边的是一大堆拥挤的人群，所有人似乎都是穿着冬装来的，因此座位显得过于拥挤。在我旁边和身后的人，我没有看他们，他们却冲着我说话，给我指出新来的人，列举出他们的名字。尤其引起我注意的是一对正在挤过一排座位的夫妇，因为那女人有一张深黄色的、阳刚的脸，鼻子很长，此外，只要人们能够在拥挤的人群中看到她从中高耸出来的头，就会发现她穿的是男装；演员勒维站在我身旁，出奇地自在，这与真实的他很不相同，他兴奋地演讲，在演讲中重复着"原则"这个词，我一直在等着"参照物"这个词，它却没出现。二层楼座的一个包厢，其实不过是顶层楼座的一个角落，在舞台的右侧，与其他包厢连接的地方，基施家族的三儿子站在那里，在他那位坐着的母亲身后，朝着剧院里讲话，穿着一件漂亮的皇袍，皇袍的侧摆向四周铺开。勒维的演讲和这些讲话有关。此外，基施在高高的上方指着幕布的一个地方说道，那里坐的是德国的基施，他这话指的是我的同学，他攻读了日耳曼语言文学。当幕布升起时，剧场开始暗下来，基施无论如何都要消失，为了表明此意，他和他的母亲一起向上走，然后消失，又将双臂、袍子和双腿张得很开。舞台比观众席的位置略低一些，人们朝下看，下巴搭在椅背上。舞台布景主要是在舞台中央的两根又矮又粗的柱子。上演的是一场招待宴会，参加的是姑娘和年轻男子们。我看见的很少，这是因为，尽管在这部戏开演时第一排长椅上的许多人就已经离开了，显然是去了舞台后面，但是留下的姑娘用她们硕大而平坦的、多为蓝色的、在整排长椅上来回移动的帽子遮住了视线。不过我特别清楚地看到舞台上一个10岁到15岁的少年。他的头发干枯，向两边分开，剪成了直发。他甚至连如何把餐巾放在前臂上都不知道，因此必须仔细朝下看去，他在这部剧里应该演的是一个花花公子。鉴于这个观察，我对这部剧再也没有什么大的信心了。舞台上的人们此刻正在等待各种新人的到来，他们从观众席第一排下去登上舞台。不过这也没有排练好。这时，一位女演员哈克尔贝格正好过来，一位男演员倚着他的靠背椅，老练地对她招呼道"哈克尔"，现在他意识到搞错了，并且做了纠正。这时来了一个我认识的姑娘（她叫弗兰克尔，我觉得），她刚刚跨过我座位旁边的椅背。在她跨过去的时候，她的背部完全裸露，皮肤不是很白净，右臀上面甚至还有一处像门把手那么长的抓伤的血印子。但是后来，当她在舞台上转过身，以洁净的面容站在那里时，她的表演是很精彩的。现在，一位唱着歌的骑士从远处飞驰而来，一架钢琴模仿着哒哒的马蹄声，人们听见逐渐靠近的风暴般的歌声，最后我还看到那位歌手，为了给歌声营造一种匆匆靠近的自然增强的效果，他沿着上面的顶层楼座跑向舞台。在还没有到达舞台，歌还没有唱完时，他的疾驰和喊出来的歌声却已到了极限，钢琴也无法再更清晰地模仿马蹄踏石的声响了。因此这两者都停下来了，歌手伴着平静的歌声走过来，只是他将自己装扮得那么矮小，以至在顶层楼座的护栏上方只露出了他的头，这样人们就无法那么清楚地看见他了。第一幕就这样结束了，但是幕布还没有降下来，剧场也依旧昏暗。两名评论家坐在舞台的地板上，背靠舞台布景写着东西。一位留着金色山羊胡子的戏剧顾问或是导演的人跳到了舞台上，还在腾空时就伸出一只手下达了一个指令；他的另一只手拿着一串葡萄，之前是放在招待宴会的果盘里的，现在让他给吃了。我再次转向观众席。我看见他用一盏简单的煤油灯照明，就像巷子里的枝形吊灯上插着的一样，现在只有十分微弱的火光了。突然，可能是由不纯净的煤油或有毛病的灯芯引起的，火光从灯笼中倾泻出来，火花大片地溅落在观众身上，他们一时间还没搞清发生了什么事，就变得像土地一样黑成一片。这时，从人群中站起了一位男士，规规矩矩地走向他们身边的一盏灯笼，显然是要去理清这件事的头绪，他先是向上看了看灯笼，然后在它旁边站了一会儿，却当作什么事也没发生，又安心地回到了他的座位，沉陷在里面。（我把自己和他混淆起来了，于是把脸侧向黑暗之中。）

我和马克斯肯定是有根本区别的。我十分钦佩他的文章，尤其是当这些文章作为一个我无法介入并且其他任何人都无法企及的整体放在我面前时，今天这一系列的小书评也是如此，所以他为《理查德和萨穆埃尔》写下的每一个句子都与我这方面违心的让步有关，这种让步使我感到深深的痛苦。至少今天如此。

今晚我又充满了被小心翼翼地压制住的能力。

1911年11月20日

梦到一幅画，据说是安格尔的画。姑娘们在森林里，在上千面镜子中，或者确切地说，少女们，等等。相似的分组和蓬松的笔法就像在剧院的幕布上一样。在画的右边，一群人紧紧地挨在一起，朝左边坐着，他们躺在一个巨大的树枝上，或是躺在一条飞翔的带子上，或是用自己的力量在一条慢慢向天空升起的链子上飘荡。现在她们不仅背对观众，也离开观众来映照自己，她们变得更不清晰，更多样化，眼睛在细节上失去的东西，在丰富性上得到了。但是，一位不受镜像影响的裸体姑娘站在前面，一条腿支撑着，臀部凸出。在这里，安格尔的绘画艺术值得赞叹，实际上我心满意足地发现，过多真实的裸露对在这位姑娘身上感受到的触觉来说也已经是多余的了。从一处被她遮住的地方发出一道浅黄色的、苍白的光线。

我对对立论点的反感是肯定的。虽然它们的出现出乎意料，却不至于令人惊讶，因为它们始终存在于非常近的地方；倘若它们没有意识，那么它们就只是在极其边缘的地方。虽然它们制造出彻底性、丰富性、完美性，可也只是如同生命轮回中的一个形象；我们在轮回之圈中四处追逐小小的灵感。它们也许是如此不同，如此不细致入微，就像被水泡胀似的在一个人的手下生长，最初带着无限的展望，最终却长成适中的、总是相同的尺寸。它们蜷缩起来，无法伸展，没有依据，是木头里的孔洞，是静止的冲锋前进，它们如我所言，将对立论点拉到自己身上。但愿它们把一切都拉到自己身上，而且是永远。

为了那部剧：英语教师魏斯，他有一副笔挺的肩膀，双手有力地插在口袋里，穿着一件褶皱紧绷的淡黄色大衣。一天晚上，他在瓦茨拉夫广场上穿过马路，迈着矫健的步伐，从那辆虽然仍停在那儿，却已响起铃声的电车旁匆匆赶过。离开了我们。

E. 安娜！

A.（抬头望着）是。

E. 过来。

A.（稳健的大步）你想要干吗？

E. 我要对你说，我对你的不满已经有一段时间了。

A. 真的呀！

E. 是真的。

A. 那你倒是告诉我啊，埃米尔。

E. 这么着急？你就不问问原因？

A. 我知道的。

E. 你知道？

A. 这吃的不合你胃口。

E.（迅速起身，大声地）你知道吗，卡尔今晚要离开了，你难道不知道这事？

A.（内心不为所动）那还用说，可惜他要离开了，所以你没必要把我叫过来。

1911 年 11 月 21 日

我儿时的保姆，脸色黑黄，鼻子边缘棱角分明，面颊上有一颗当时我非常喜欢的瘊子，今天她第二次短暂地拜访我们，是为了看我。第一次来时我不在家，这次我想安静地睡觉，于是假装不在。为什么她把我养得这么糟糕，我的确是听话的，她现在在前厅里亲口对厨娘和女仆说，我性情安静、乖巧。她为什么不充分利用这一点，为我规划一个更好的未来呢。她是个已婚妇女或是个寡妇，有几个孩子，有一种生动的讲话方式，总让我难以入睡。她认为，我是一个高大、健康的男子，正值28岁的美妙年华，我喜欢回想我的青年时代，也大概知道该如何对待自己。可是我现在躺在这儿，在沙发上，一脚被踢到尘世之外，适合睡觉，可睡意不愿出现，如果它出现，也只是与我擦肩而过，我的关节因为疲惫而疼痛，我干瘦的身躯在激动中颤抖到崩溃，我的身体不能清楚地知道这激动的原因，脑子里抽搐得令人吃惊。此时，我门前站着三位女士，一位夸我的过去是如何如何，两位夸我的现在是怎样怎样。厨娘说，我很快就会——她的意思是不绕任何弯路——到天堂去了。的确将会是这样。

勒维：一位犹太教法典中的拉比在这种情况下有一条原则让上帝非常喜欢，就是不从别人那里接受任何东西，连一杯水都不接受。然而现在碰巧的是，他那个时代最伟大的拉比要结识他，因而邀请他去吃饭。拒绝这样一位男士的邀请是不可能的。因此，第一位拉比伤心地上了路。可是，由于他的原则是如此坚定有力，因此一座山挤在了他俩之间。

安娜（坐在桌旁，读报纸。）

卡尔（在房间里来回转悠，一走到窗户旁就立住并向外张望，甚至一度打开内窗。）

安娜：请把窗户关上，都结冰了。

卡尔（关上窗）：我们的担忧恰恰不一样。

1911年11月22日

安娜：可是你养成了一个新习惯，埃米尔，一个非常令人厌恶的坏习惯。你可以将每一件小事联系起来，然后借助它们从我身上发现一种坏品质。

卡尔：（揉搓着手指）因为你根本不考虑别人，因为你完全不可理喻。

可以肯定的是，我的身体状况构成了我进步的一个主要阻碍。以这样一副身躯什么都实现不了。我不得不适应它持续不断的失灵。由于最近疯狂地彻夜做梦，却几乎没有片刻连续睡眠的夜晚，今天早晨，我是如此没有头绪，除了我的脑袋什么都感觉不到，我看到了一种距离现在的状态很遥远的、勉强可以忍受的状态，而且一度做好了十足的赴死准备，手里拿着文件，蜷缩在走廊的水泥地板上。我的身体对于它的虚弱而言是太长了，它没有一丁点儿脂肪可以提供一种恩赐的热量，来保

护它里面的火焰，没有一丁点儿脂肪可以供养思想的日常所需而不伤害整个身体。这颗最近时常刺痛我的羸弱的心脏，如何能够将血液沿着这两条腿的全部长度推送过去呢？到膝盖为止就已耗掉了太多力气，可是它接着还会凭借那仅有的老翁之力将血液冲到冰冷的小腿里去。然而现在上面又需要它，等待着，此时下面却还在耗费着它的力量。由于身体的长度，一切都被拉得四分五裂。在这种情况下，这副身体能做什么呢？因为即便它将一切挤压在一起，它为我要实现的目标所提供的力量似乎也太少了。

摘自勒维给他父亲的书信：如果去华沙，我会穿着我的欧式衣服在你们之间走来走去，就像"一只眼前的蜘蛛，就像一对新婚夫妇里的送葬者"。

勒维讲述了一位已婚朋友的事，他生活在波斯汀，华沙附近的一座小城，在自己的高雅兴趣中感到寂寞，因而感到不幸。"波斯汀，这是座大城市吗？""那么大。"他向我伸出他张开的手。手上戴着一只粗糙的黄棕色手套，比画着一块荒凉的地方。

1911年11月23日

在 21 日，克莱斯特逝世 100 周年那天，克莱斯特家族在他的墓碑上放了一个花环，上面写着："献给他们家族最优秀的人"。

以我的生活方式，我将依赖于怎样的状况啊！今天晚上我睡得比上周好了一些，今天下午睡得非常好，我甚至还有那种在不好不坏的睡眠之后袭来的昏昏欲睡的感觉，因此我担心不能好好写作了，我感觉个别能力在体内打下了更深的印记，并且对所有令人吃惊的事做好了准备，也就是说，我已经看到了它们。

1911年11月24日

《施希特》(正在学习屠夫手艺的人)。戈尔丁的剧本。里面有犹太教法典的引文。例如：如果一个伟大的学者在傍晚或者夜里犯下罪过，那么人们在早晨不可以再指责他的罪，因为以他的博学，他肯定已经自己忏悔过了。——如果有人偷了一头公牛，那么他必须归还两头；如果有人屠宰了那头偷来的公牛，那么他必须归还四头；如果有人屠宰了一头小牛犊，那么只用归还三头。因为这里假定，人们不得不将这头小牛犊抬走，也就是说进行了一项繁重的工作。如果有人毫不费力就将小牛犊带走了的话,那么这个假定也决定了惩罚。

恶劣想法的正直性。昨天晚上我感觉出奇地痛苦。我的胃又坏掉了,我费劲地写作,在咖啡馆里(这里起初很安静,我们很爱惜这里,可是后来就热闹起来,使我们不得安宁),我努力地听了勒维的朗诵,我那可悲的下一个未来在我看来似乎不值得迈入其中,我孤独地穿过费迪南德大街。这时,在贝格施泰因巷的入口处,我又产生了一些关于不久的未来的想法。我要怎么用这副在废物间里养出来的身体担负起未来呢?犹太教法典里也是这么说的:一个没有女人的男人不是社会人。面对这些想法,今晚我没有任何其他援助,我只能对自己说:"现在来吧,你们这些恶劣的想法,现在,因为我身体虚弱,而且胃坏掉了。正是现在,你们要我将你们从头到尾思考一遍。你们的目的仅在于那些对你们有利的事情。你们真可耻。有种下次再来,等我再强壮些。不要如此利用我现在的处境。"而事实上,连等待其他证明的必要也没有,它们就会退缩,慢慢散开,并且再也不会在我继续进行的、当然并非极其幸福的散步中打扰我。可它们显然忘了,如果想要尊重我的一切恶劣处境,就轮不到它们了。

一辆从剧院驶来的汽车的汽油味提醒我注意到，那些朝我走来的剧院观众用最后几个动作将他们的大衣和挂着的望远镜整理好，等待他们的美好家庭生活是多么清晰可见啊（而且就算只有一支蜡烛照明，这在睡觉前也确实是惬意的了），可是，无论他们从剧院回家的动作看起来是多么敏捷，他们仍是下层人士，幕布在这些下层人士面前最后一次降落，门在他们身后打开，他们在开始之前或第一幕进行时穿过这些门，因为某种可笑的担忧而傲慢地进场。

第四册

1911年11月28日
三天以来什么都没写

〈1911年〉11月25日
整个下午在城市咖啡馆里

米斯卡劝我签一份声明,他只是我们这里的伙计,就是说不属于强制保险范畴,父亲也没有义务为他的保险补充一大笔费用。他向我保证,我说着一口流利的捷克语,特别优雅地为我的失误道歉,他向我保证星期一将这份声明寄到办公室,我觉得如果他不喜欢我,那么至少也是尊重我的,但是星期一他什么也没寄来,人也不在布拉格,而是离开了。

晚上在鲍姆那里,无精打采,马克斯不在。

朗读《丑恶的东西》,一个尚未经过整理的故事,第一章更像是一个故事的堆砌。

〈1911年〉11月26日　星期天

与马克斯一起处理《理查德和萨穆埃尔》,从上午到下午5点。然后去安东·马克斯·帕欣格那里。

一位来自林茨的收藏家,是库宾推荐的,50岁,身材十分高大,动作像高塔一样,如果他长时间沉默,人们就会低下头,因为他完全不说话,而他说话的时候也不完全是在说话,他的生活由收藏和交媾组成。收藏：他是从收藏邮票开始的，转而收藏版画，后来什么都收藏，最后意识到这种永远不可能完整的收藏是一种徒劳，便只收藏护身符，之后只收藏下奥地利和南巴伐利亚的朝圣纪念章和图画。这些纪念章和图画每次朝圣时都会单独出新版，在材质和艺术性上多数是没有价值的，但是常常蕴含一些令人愉快的表现方法。为此，他现在也开始努力地发表这些东西，而且是第一次发表关于这种题材的东西，并首先为该题材的系统化确立了观点。以前收藏这些东西的收藏家们自然是恼火的，因为他们错过了发表这些东西的机会，然后却也不得不表示满意。现在他是朝圣纪念章方面的知名专家，各地的人都来请他鉴定和评估这些勋章，他的话有决定性意义。此外，他仍旧搜集一切其他东西，让他骄傲的是一条少女的腰带（肩衣？），也像他所有的护身符一样在德累斯顿卫生保健展览会上展出。（现在他正好在那里，正在把所有东西打包装运。）然后是法尔肯施泰因人的一把漂亮的骑士剑。他用一种糟糕的、只能通过收藏来实现的明确性来对待艺术。从格拉夫酒店的咖啡馆出来，他把我们带到他上面那间炉火烧得过旺的房间里，坐到床上，我们围着他坐在两把沙发椅上，这样我们形成了一个安静的聚会。他的第一个问题"您是收藏家吗？""不，只是个可怜的爱好者。""这没关系。"他掏出皮夹子，并将它生硬地扔给我们，里面有他自己的和别人的藏书签，还混杂着他接下来要出版的书《石头王国的魔法和巫术》的说明册。他已经写了很多内容，特别是关于"艺术中的母性"，他认为怀孕的身体是最美的，也是交媾起来最舒服的。他写了关于护身符的东西。他也在维也纳皇家博物馆中任职，在多瑙河入口的布勒伊拉主导文物挖掘工作，发明了一种以他命名的出土花瓶黏合工艺，他是13个学者团体和博物馆的成员，常常在书桌前坐到凌晨一两点，早上8点又坐过去。我们不得不在一位女性友人的宾客题词留念册上写点什么，他在旅途中随身携带这本册子，就是为了把它写满。自我创作出现在开头。马克斯题写了一句复杂的诗词，P.先生试图用"雨过天晴"这个成语来翻译它。此前他用一种生硬的嗓音朗读了一下。我写道：

小小灵魂
在舞动中跳跃等等

他又大声读了起来，我帮忙，最后他说："一种波斯旋律？这到底叫什么？加泽拉诗体？不是吗？"这时我们不能表示同意，也猜不出他所指的意思。最后，他引用了吕克特的三行节诗体。的确，他认为这是三行节诗体，尽管并不是。好吧，不过它有某种优美的音调。在离开时，他把床给拆散了，好让它与房间的温度完全接近，此外，他还做了继续加热炉火的安排。——他是哈尔伯的朋友。他喜欢谈到他。我们更喜欢谈论布莱。但是关于布莱没有许多事情可谈，他在慕尼黑文学界不受欢迎。他的无耻行径遭到鄙视，他妻子是牙医，有一家受欢迎的工作室，曾经养活着他，并且已经跟他离婚了，他女儿16岁，金发碧眼，是慕尼黑最狂野的女孩。在施特恩海姆的《裤子》中——帕欣格和哈尔伯一起在剧院里——布莱扮演一个变老的花花公子。当帕欣格第二天遇到他时,他说:"博士先生,您昨天演了布莱博士。""怎么?怎么?"他窘迫地说道。"我演的竟是那个人,是那个人呀。"——库宾的婚姻生活不怎么样。他的妻子吸食吗啡成瘾,并且坚信库宾也是如此。人们只是观察他,看他如何顶着那尖尖的鼻子和悬垂的面颊突然从最高的热情中倒下去,不得不被唤醒,振作起来之后,又适应了谈话,休息之后又变得安静,然后在越来越短的休息间隔中如此反复。他也常常词穷。——关于魏贝尔:关于他性功能的叙述使人想到,他如何能好好地将他巨大的生殖器塞进女人身体里。他早先的绝活是把女人搞到累得不能再做。然后她们就没有了灵魂,成了动物。是的,我可以想象这种顺从。他喜欢鲁本的女人,这是他说的,不过他指的是那些拥有傲人双峰、胸部高高鼓起、下面低浅如囊袋垂挂的女人。他对于这个喜好的解释是,他的初恋是这样一个女人,她是他母亲的朋友,也是一个同学的母亲。

〈1911年〉11月29日

(他的初恋)在他15岁时诱骗了他。他更擅长语言,他的同学更擅长数学,于是他们俩在那位同学的住处相互学习,事情就发生在那里。他展示他那些小甜心们的照片。他现在喜欢的人是一个较为年长女人。她坐在沙发上,两腿叉开,两臂抬起,脸上的脂肪堆起褶子,如此露出她的一堆肉。在一幅描绘她在床上时的画上,有一对乳房,看上去像是外扩了、膨胀了、僵硬地凝结起来一样,还有顶到肚脐的肚脐,跟山一样高。另一个他喜欢的人是个年轻人,他的画上只有从解开的衣衫中扯出来的长长的乳房，还有一个在旁边观察的、在漂亮的嘴旁逐渐变尖的脸。他当时在布勒伊拉宾客盈门，都是些在那里避暑消夏的商人妻子，她们肥胖，酒量很大，被她们的商人老公饥渴坏了。非常多产的慕尼黑狂欢节。在狂欢节期间，6000多名女性在无人陪伴的情况下前往慕尼黑户籍登记处，显然只是为了让自己能够交媾。她们是来自整个拜仁州的已婚女性、少女、寡妇，也有的来自毗邻的州。

摘自犹太教法典：一名学者若是去相亲，他就该带上一个没有受过教育的人，因为他经常陷入他的学问中而注意不到必要的东西。——绕着华沙的电话线和电报线通过贿赂增补了整整一圈，在犹太教法典的意义上，这个圈子从城市向外形成了一个隔离的区域，在某种程度上形成了一个庭院，这样一来，最虔诚的人也能够在星期六在这个圈子里面活动，随身带着小物件（比如手帕）。——在哈西德派的社交聚会上，他们愉快地聊着犹太教法典的事情。要是聊天停下来，或者有人没加入，他们就会用歌声来弥补。曲子是被创作出来的，要是一首曲子成功了，家庭成员就会被叫进来，和他们一起复习和探讨。一位时常产生幻觉的神奇拉比，在这样一次讨论中，突然将他的脸深埋进放在桌上的双臂中，就这样在众人的沉默下保持了三个小时。当他醒来时，他哭了，并且演唱了一首全新的有趣的军事进行曲。就是死亡天使将一位当时在一个遥远的俄罗斯城

市中死去的神奇拉比护送升天时用的曲子。——按照犹太教的神秘教义，虔诚的教徒们在星期五会得到一颗新的、完全神圣的、温柔的灵魂，它会在他们那里停留到星期六晚上。——在星期五晚上，寺庙的两位天使会陪伴每一位虔诚的教徒回家；家中的主人会在餐室里站着欢迎他们；他们只停留片刻。

《对一位女演员的爱》《一个剧院》

对姑娘们的教育，她们的成长，对世道常情的适应，对我而言始终有一种特殊的价值。之后，她们再也不会如此绝望地避开那个只是匆匆与她们相识并且想要与她们匆匆交谈的人，她们已经停留了一会儿，即便并不在人们要她们在房间里停留的位置上，人们也不必再用目光、恫吓或者爱的力量去抓住她们，如果她们转身离去，她们会慢慢来，不想因此受到伤害，于是她们的背影也变得更宽阔了。人们对她们说的话是不会被漏掉的，她们会倾听整个问题，人们大可不必着急忙慌，她们会做出回答，虽然是逗趣似的，但却精确地针对提出的问题。没错，她们甚至还会仰起脸亲自提问，一次小小的交谈对她们而言并非不可忍受。在她们刚刚进行的工作中，她们几乎不会让自己受到一位观众的干扰，更不太会去留意他，不过他

也可以较长时间地看着她们。她们只有在要穿衣服时才会退回去。这是人们唯一可能感到不安的时刻。不过一般情况下，人们不必跑过街道，在家门口拦截她们，一次又一次期待一场幸福的意外降临，尽管人们心知肚明，他们并不具备迫使此事发生的能力。尽管这种巨大的变化随着她们一起发生，但是，她们在一次不期而遇中带着一种悲伤的表情向我们走来，将双手摊平放在我们的手上，以缓慢的动作，像个有商务往来的伙伴一样邀请我们去她们的住处，这也不是什么稀罕事。她们在隔壁房间里脚步沉重地走来走去，但是当我们也闯入那里时，她们出于贪婪和固执，蜷伏在一个窗龛里读报，看都不看我们一眼。

1911年12月3日

我现在读了舍费尔的《卡尔·施陶费尔的生命历程》中的一段。读了一部《激情编年史》，被那种只在此刻渗入我被谛听的内心的印象所俘虏和捕获，与此同时，却被我那坏掉了的胃强加给我的饥饿感，被闲暇的星期天那种普遍的兴奋驱赶至如此远的地方，于是我不得不写作，就像人们遇到外部的、通过外部事物强加的刺激时，只能通过挥动双臂来帮助自己一样。

单身汉的不幸对周围人来说，无论是表面上还是事实上，都是那么容易被猜出来，于是，如果他因为喜欢神秘而成了单身汉，那么无论如何他都会咒骂自己的决定。虽然他穿着一件扣着的上衣到处走动，两手插在高高的衣服口袋里，肘部顶出个尖儿，帽子低低地压在脸上，一种假惺惺的、与生俱来的微笑应该是用来保护嘴巴的，就如同夹鼻眼镜是用来保护眼睛的一样，裤腿较瘦，在纤细的双腿上显得很美。但是谁都知道他是什么情况，对他受过的苦难如数家珍。从他的内心刮来一阵冰冷，他用他双重面孔里更加悲伤的另一半面孔向他的内心看去。他几乎一直在移居，却有着可以预料的规律性。他搬得离活人越远，就越容易在更小的空间中感到满足，可他还得为这些活人做事情，这是最让人生气的一点，就像一个清醒的奴隶不可以表达自己的意识。而另一些人，就算他们一生都躺在病床上，就算必然会被死亡击倒，就算他们早已由于自己的虚弱而倒下，却还是如此向他们钟爱的、强壮、健康的姻亲们求助，他，这个单身汉，显然出于个人意愿，已经满足于生活中一个越来越小的空间，如果他死了，这口棺材对他正合适。

―――――――――――

我不久前给我的姐妹们朗诵默里克的自传，开始的时候是不错，可接下来更好，最后指尖相互重叠着，用一种镇定的声音克服内心的障碍，为我的声音创造了一种越来越广阔的前景，最终，在环绕着我的整个房间里，除了我的声音，别的什么都听不到。直到父母下班回来，按响门铃。

入睡之前，感受到了我身体上轻飘飘的胳膊上那双拳头的重量。

〈1911年〉12月8日

星期五，长时间没有写作了，这次也差不多只是因为满意，因为已经完成了《理查德和萨穆埃尔》第一章，尤其觉得最开始描写在车厢里睡觉那一段是成功的。还有，我觉得，有些事情在我身上发生了，这与将冲动转变为性格的席勒式改造极为接近。尽管我的内心在全力抵抗，但还是得把这个写下来。

和勒维一起散步去总督的城堡，我称它为锡安堡。入口大门的花饰窗格和天空的颜色交相辉映，十分明朗。——另一次散步去赫茨岛。关于奇西克女士的故事，人们是怎样出于同情在柏林的社会中接纳了她，一个起初没有一点价值的、穿戴过时衣帽的二重唱演员。朗读一封来自华沙的信函，一位年轻的华沙犹太人在里面抱怨犹太剧院的衰落，并且写道，他宁可去

"诺沃斯蒂"那个波兰的轻歌剧院,也不愿意去犹太剧院,因为那粗劣的设施、猥琐的内容、"发了霉的"曲段等都让人无法接受。人们只想着犹太轻歌剧的主要作用,这个作用是,主要女演员身后带着一群小孩子,穿过观众向舞台行进。所有人带着《摩西五经》的小卷轴,唱着:《摩西五经》是最好的东西。

在成功完成《理查德和萨穆埃尔》里面关于城堡区和观景楼的那些段落之后,美妙而孤独的漫步。在聂鲁达街上有一块牌子:裁缝安娜·克日若娃,在法国由公爵夫人——阿伦伯格的遗孀,也就是阿伦伯格公主——资助,在法国完成学业。——我站在第一个城堡庭院的中央,仔细看着城堡卫兵进入战备状态。

马克斯不喜欢我写的最后部分,肯定是因为他觉得这部分与整体并不相称,但也可能认为它本身就是糟糕的。这是很有可能的,因为他在我写作之前就提醒我不要写那么长的段落,认为这种写法的效果就像是胶状物体。

为了能和年轻姑娘说话,我需要接近较为年长的人。他们发出的一些轻微的干扰会让我的谈话活跃起来,对我的要求似乎立刻减少了,我说出一些还没考虑好的话,倘若不适合姑娘的话,也总能与年长的人相称,如果有必要,我也能从他身上获取大量帮助。

哈斯小姐。她让我想起布莱女士,只是她鼻子的长度、轻微的双重曲线和比较瘦削的样子,看起来像布莱女士那坏掉的鼻子。然而通常她的脸上有一种看起来难以解释的黑色,可能只是被一个强壮的人物给赶进皮肤里的。宽阔的脊背,相对这个隆起的女性脊背而言过于年迈的身姿;笨重的身体,在剪裁得体的上衣里显得纤瘦,对这副身躯而言,这件窄小的上衣在这副身躯上还显得有些宽松了。在谈话遇到窘迫处境之后,随意抬起头意味着找到了一条出路。这次谈话中我并没有躺在地上,在心里也没放弃自己,但是倘若我只是从外部看自己的话,也许无法为我的行为做其他解释。以前我之所以无法和刚认识的人随意交谈,是因为性欲的存在无意识地对我产生了阻碍,而现在阻碍我的是它们已知的不足。

在垄沟上遇见奇西克夫妇。她穿着在《野蛮人》里的少女

服装。如果我像那时在垄沟上一样将她的外表细细拆解，她就会变得不太真实。（我只是匆匆看了她一下，因为我被她的样子给吓到了，我没有打招呼，也没有被看见，也不敢立刻转过身去。）她比平时矮了许多，左半边臀部不是瞬间而是一直翘着。她的右腿弯曲了，在靠近她丈夫时脖子和头部的动作十分慌张，她试图用伸向一边的弯曲的右臂去挽住她的丈夫。他戴着夏季的小帽子，前面的帽檐压得低低的。当我转过身去，他们已经走了。我猜他们是去中央咖啡馆了，在另一个垄沟上等了一会儿，很长一段时间后我又幸运地看见他们走向窗边。当她在桌旁坐下时，人们只看得见她那用天鹅绒裹着的纸板帽的边缘。——梦里，那时我在一个十分狭窄也并非高得夸张的玻璃拱顶过道房里，就像旧时意大利绘画上那种不能通行的过道，从远处看也像我们在巴黎见过的一个从小街道延伸出来的过道房。只是在巴黎的过道房更宽敞，而且里面挤满了商铺，这里的过道房却是四壁空空，乍一看几乎容不下两个人并排行走，不过若是真的进去了，就像我和奇西克女士一起进去时一样，那里的空间便大得惊人，然而这并没有令我们吃惊。当我和奇西克女士朝着一个出口，朝着一个可能观察全局的人的方向走去时，当奇西克女士由于一种过错（看上去是酒瘾）而道歉，并且求我不要相信她的造谣者时，奇西克先生正在过道房的另一端鞭打一只绒毛蓬乱的金色雪山搜救犬，那只狗用后腿对着他站着。我们并不十分清楚，奇西克先生是否只是逗狗玩，不知道是不是因为它忽视了他的妻子，或者他本身被这只狗袭击了，抑或是他最终要阻止这只狗靠近我们。

和勒维在码头上。我感到一阵轻微的昏厥,它压抑着我的整个身体,我克服了它,并且在片刻之后想起了它,好像想起什么早已忘却的事情一样。

就算撇开一切其他障碍不谈(身体状况、父母、性格),我还是会为我无论如何没有将自己局限在文学上找到一个很好的借口:只要还没找到一份更伟大的、让我完全满意的工作,我就不会冒险做任何事情。这当然是无可辩驳的。

我在此刻,而且下午就已经有一种巨大的渴望,将完全出自我心里的整个恐慌不安的状态写出来,就好像这状态从内心深处而来,向纸张的深处走去,或者将这些东西这样写下来,使我完全能够将写下的东西吸收到我身上。这不是艺术家的渴望。今天,当勒维说到他的不满,以及说到他对军队做的一切的漠不关心时,我用一种叫作乡愁的东西来解释他的状态。尽管我将它说了出来,然而在一定程度上我并非是为他做出这种解释,而是将这个解释留给我自己,为了我自己的悲伤而暂时享用它。

1911年12月9日

施陶费尔-贝恩:"创作的甜美掩盖了它的绝对价值。"

如果人们静静地停留在一本带书信或回忆录的书上，无所谓是什么人写的，这次是卡尔·施陶费尔－贝恩写的，如果人们不是以自己的力量将他拉向自己（因为这需要与生俱来的技巧），而是向他靠拢，——只要不抵抗，很快就会变成这样——如果任由那个靠拢过来的陌生人将自己带走，任由他把自己变成他的熟人，那么，人们在合上书后被重新带回本我，在这次远足和休整之后，保持了自己被重新认识的、再次动摇的、远远地观察了片刻的性格，在这种性格中再次有了更舒适的感觉并且思想更为自由，也就没什么特别的了。

1911年12月10日　星期天

我得去看望妹妹和她的小男孩。前天凌晨1点，母亲从妹妹家里回来，带来了这个小男孩出生的消息，那时我的父亲穿着睡衣，穿过房间，打开所有房门，唤醒我、女仆和姐妹们，向我们宣告他的诞生，那样子就好像这个孩子并非只是出生了，而是已经历了荣耀的一生并且已经有了他的墓地似的。

后来才让我们感到吃惊的是，那些陌生人的生活状况虽然生动并且被原封不动地写进这本书里，虽然我们相信根据我们的经验可知，在这个世界上除了对这种经历的描述之外，例如一位朋友死亡的悲痛经历，也没有什么别的可放弃的了，但是，对我们这些人来说适合的东西，对别人来说就不适合了。也就是说，如果无法用我们的书信满足自己的情感——当然这里存在许多逐渐模糊的层次划分——倘若这些表达，如"不可描述的""不可言说的"，或"那么悲伤"，或"那么美好"，然后迅速接上一个剥离的"daß"从句，即便在我们最好的状态下也总是对我们自身有帮助的话，那么我们被赋予一种从容、准确地理解他人阐述的能力，即我们在自己写信时至少在这个范围内所缺乏的能力，对我们而言是一种奖励。无知的我们根据感觉的变化，有时将放在面前的书信摩平，有时将它捏皱，正是这种无知变成了理解，因为我们被迫求助于放在这里的信，只有相信里面写的东西，也就是说，认为这些东西得到了完美的表达，并且通过一种似乎是唯一合理的完美的表达，看见那条敞开着的、通往最具人情味之境的道路。因此，比如卡尔·施陶费尔－贝恩的书信只包含对一位艺术家短暂一生的报道

1911 年 12 月 13 日

由于疲劳而没有写作，在暖和屋子的长沙发上躺一躺，在冰冷的屋子的长沙发上躺一躺，拖着生病的双腿，伴着令人恶心的梦境。一只狗躺在我身上，一只爪子靠近我的脸，我因此

醒来，但还是害怕了一会儿，不敢睁开眼睛看它。

《海狸皮》。剧本漏洞百出，没有高潮就逐渐减弱。警察局长那场戏场景虚假。莱辛剧场里莱曼的表演是优美的。她弯腰的时候将裙子夹在两腿之间。民众沉思的目光，抬起两只手掌，在面前的左下方交叠起来，像是为了主动将否定的声音或竭力申明声音的力量削弱。其他人的表演是未经商讨的、粗糙的。这位喜剧演员狂妄放肆地对待这部剧（拔出他的旧式马刀，拿错帽子）。我反应冷淡，没有兴趣。我回了家，但我坐在那里时就已经惊叹于那么多人会为了一个夜场兴奋成那样（有人喊叫，有人偷盗，有人被偷，有人被纠缠，有人被鼓掌赞扬，有人被冷落），如果人们眯起眼睛看的话，在这部剧里有那么多杂乱无序的人声和叫喊声混杂在了一起。漂亮的姑娘们。一个姑娘有着光滑的脸蛋，顺滑的皮肤，圆圆的脸颊，高高梳起的头发，在这种光滑之下孤零零的、有些肿胀的眼睛。——这部剧的精彩部分是武尔芬同时扮演小偷和那些聪明、进步的民主人士的真诚的女性友人。一名观众韦尔哈恩一定觉得自己被认出来了。——这四幕剧可悲的平行关系。第一幕被偷，第二幕是法庭，第三幕和第四幕也是法庭。

《裁缝乡议员》在犹太人中上演。没有奇西克夫妇，但是有两位可怕的新人，利贝戈特夫妇。里希特的烂剧本。开头是莫里哀式的，乡议员挂着怀表摆阔气。——利贝戈特夫人不识字，她的丈夫必须同她一起练习。——男喜剧演员娶一个严肃的女人，或者一个严肃的男人娶一个有趣的女人，这几乎是约定俗成的，而且一般只有已婚的或有亲戚关系的女人才会被带在身边。——就像有一次深更半夜，那个钢琴演奏者，大概是个单身汉，带着他的乐谱悄悄穿过那道门溜出去了。

合唱团举办的勃拉姆斯音乐会。我毫无乐感的本质是，我无法持续地享受音乐，这只能不时地在我心中产生一种影响，而这种影响又很少是音乐方面的。音乐对我唯一持久的影响便是，听过的音乐自然而然地在我周围筑起一道墙，我被这样困住，而非自由自在。——在观众当中，像在音乐面前的那种尊重在文学面前是没有的。正在唱歌的姑娘们。许多人只是随着曲子张开嘴巴。一个身体笨拙的姑娘在唱歌时晃动着脖子和脑袋。——三个神职人员坐在一个包厢里。中间那位戴着红色小帽，安静而威严地聆听着，无动于衷且深沉凝重，但并不死板；右边那位有一张尖尖的、僵硬的、皱巴巴的脸，陷在座位里；左边那位胖乎乎的，把他的脸倾斜支撑在半张开的拳头上。——进行了演奏。《悲伤序曲》。（我只听到了缓慢而庄重的、一会儿迈到这儿一会儿迈到那儿的脚步声。大有启发的是，

观察到了各个演奏组合之间的音乐过渡，并且能用耳朵检测到这种过渡。指挥者的发型毁了。）

歌德的《铭记》、席勒的《纳尼》《命运女神颂歌》《凯旋之歌》——唱歌的女人们站在低矮的栏杆旁，就像站在早期的一个意大利建筑上。

可以肯定的是，尽管我在颇长一段时间里，常常高居吞没我的文学之上，这三天以来，除了一般的幸福需求之外，我再没感觉到对文学的根本需求。同样地，上周我将勒维看作是我不可或缺的朋友，而现在我轻松地度过了没有他的三天。

我如果在较长一段时间之后开始写作，就像是从空荡荡的空气中抓取辞藻一样。如果成功抓到了一个词，那么就只有这一个词在那里，一切工作都要从头来过。

〈1911年〉12月14日

父亲中午指责了我一通，因为我对工厂的事不上心。我解释说，我已经参与了，因为我期待着盈利，但是只要我还在办公室，就不能同时兼顾。父亲继续骂我，我站在窗边沉默不语。但是，晚上我突然觉察到从中午的那段谈话中冒出来的想法，就是我可能对我目前的位置很满意，我只需要避免将全部时间花在文学上。我还没来得及进一步思考这种想法，它就变得不再惊人，并且已经让我习以为常了。我认为我不具备将所有时间充分利用在文学上的能力。诚然，这种信念只是一种瞬间出现的想法，但它比这种瞬间出现的想法要更加强烈。我想着马克斯时也像想着一个陌生人一样，即便他今天在柏林有一场激动人心的朗诵和开场晚会。现在我突然发现，我只是在晚上散步的时候，在不断接近陶西希小姐①的住所时，才想起他。

和勒维一起在下面的河边散步。在伊丽莎白桥上有一个隆起的、里面被电灯照亮的拱门，拱门的一个墩柱看上去像是在旁边射出的光线之间的漆黑团块，像工厂的烟囱一样，拱门上方伸向空中的楔形黑影就像升腾的烟。一束束轮廓分明的绿光洒向桥边。

在朗诵威廉·舍费尔的《贝多芬和一对恋人》时，与朗诵

---

① 埃尔莎·陶西希（Elsa Taussig，1883—1942），马克斯·布罗德后来的妻子。——译者注

的故事完全无关的各种想法（关于晚餐，关于等待中的勒维）是如何十分清晰地穿过我的脑海，却恰恰没有妨碍我今天十分纯粹的朗诵的。

〈1911年〉12月16〈17〉日　星期天

中午12点。上午在睡觉和读报中虚度过去了。对给《布拉格日报》写一篇批评文章感到害怕。这种对写作的恐惧一直表现为，有时还没有坐到写字台前，我就已经开始杜撰开场的句子了，这些句子立刻被证明是无用的、干巴巴的、远在结局之前就中断了的，并用它们那刺眼的断裂之处指向一个可悲的未来。

圣诞市场上的老把戏。横杆上的两只凤头鹦鹉拽着小球。错误。预言一个姑娘有一个女性爱人。——一个男人用诗句兜售人造花：这是一朵皮制的玫瑰花。

小派普斯唱着歌。他独特的手势是，右前臂在关节处来回做着玩保龄球的动作，半张开的手张大了一些，然后又攥起来。

他的脸上满是汗水，尤其是上唇，看起来像带着玻璃碴儿。一条没有纽扣的阔领带被草率地扎进外套的马甲下面。——唱着歌的克卢格女士，口腔里柔嫩的红色中有温暖的影子。

巴黎的犹太区，玫瑰街，里沃利街的分支。

一种杂乱无章的知识本身只与纯粹的、不稳定的存在之间有一种极其贫乏的联系，倘若它突然被要求在限定时间内发展自己、表达自己，因而要铆足精神工作，那么只能得到苦涩的结果。这个结果里只有极尽不娴熟之力才能取得的成就所催生的傲气，也有对意外溜走的因而特别容易动摇的知识的简要回顾——这些知识与其说是固有的，不如说是习得的，最后还有周围的憎恨和钦佩，它们都混淆在一起。

昨天在入睡之前，我臆想出一幅绘画般的场景，一群人像在山上似的各自散落在空中。在我看来，这在绘画技巧上是全新的，一旦被创造出来，就是简单易行的。一张桌子周围坐着一群人，地面比人群围绕的圈子稍微大一些，然而此刻我只有在所有人当中用力观察才能发现一个穿古装的年轻人。他将左

臂撑在桌上，手松松垮垮地贴着脸，逗趣似的仰头望着一个人，那人忧虑或疑惑地在他上方俯下身子。他的身体，尤其是右腿，随着青春的放荡不羁舒展开来，他的姿势与其说是坐着，不如说是躺着。勾勒出双腿的两组清晰的线条交错在一起，并略微与身体的边界连接起来。色彩苍白的衣服随着虚弱的肉体在这些线条间隆起。我对这些美妙的图画感到惊奇，这惊奇在我脑中产生了一种紧张感，这在我看来是同一种而且是持续的紧张感，只要什么时候我愿意了，它就可以主导我手中的铅笔，因此我强迫自己走出这种模棱两可的处境，以便更好地将这幅图画思考一遍。这时立刻便会发现，我除了一小堆灰白色的瓷器之外，别的什么也没想象出来。

在过渡时期，就像上个星期，而且至少眼下对我来说也是这样，对我的麻木产生的一种悲伤却平静的惊讶之情向我袭来。一个空洞的空间将我和一切事情分隔开，我甚至无法挤向这个空间的边界。

此刻是晚上，我的思想开始更加自由地活动，也许我有能力做一些事情，可必须去国家剧院看《希波达米》，弗奇利基的首次演出。

有一点是肯定的，星期天对我的用处从没有比工作日更多，因为它特殊的结构将我的一切习惯搅乱，而且我需要额外的自由时间，以便在这个特殊的日子里多少为自己做些安排。

在从办公室事务中解放出来的当下，无论如何我都会立刻满足自己写一部自传的渴望。我肯定会在写作开始时将这种深刻的变化作为暂时的目标放在眼前，以便能把控这一大堆事情。另一个巨大变化是我无法忽视的，它本身极其不真实。不过，写自传对我而言却是一种巨大的快乐，因为这件事情进行得很轻松，就如同记录梦境，却有一种全然不同的、巨大的、对我产生终身影响的结果，也能为每个人所理解和感知。

1911 年 12 月 18 日

前天看《希波达米》。可悲的剧本。没有思想和理由地在希腊神话中到处乱窜。剧场海报上克瓦皮尔的文章，字里行间表达了整场演出中显而易见的观点，一个好的导演（不过这里无非是模仿莱因哈特）能把一部糟糕的文学作品变成一部伟大的戏剧作品。这一切对一个只到过些许地方的捷克人来说肯定是悲哀的。——在暂停休息时，总督从他开着的包厢小门出来，在走廊里呼吸新鲜空气。——已故的阿克希欧夏的幽灵以阴影的形式被唤出，很快便消失了，因为她不久前刚刚死去，在看见这个世界的时候，太容易再次感受到她过去作为人类的苦难。

昨天马克斯从柏林过来。他在《柏林日报》上被一名火炬手称为无私的人，因为他朗诵了《更有名望的韦弗尔》。马克斯在《巴黎日报》刊印他的批评之前，肯定已经删去了这句话。我恨韦弗尔，并非是因为我嫉妒他，不过我也确实嫉妒他。他健康、年轻、富有，这一切于我则是另一番模样。此外，他早就轻松地带着乐感写出了很好的东西，他在过去和将来都有最幸福的人生，而我带着一种无法摆脱的负重在工作，我同音乐是全然分离的。

我不守时，因为我感受不到等待的痛苦。我像头牛一样等待着。也就是说，倘若我感觉到我暂时的存在中有一个目标，即便是十分不确定的目标，我也会在自身的不足中如此自负，以至于为了这个曾经出现的目标承担一切。假如我恋爱了，那时我能做些什么呢。数年前我在环路的凉亭下等了多久啊，直到 M. 从身边走过，即便她是和她的恋人一起走过。我有时是因为疏忽，有时是因为对等待之苦的无知，就错过了约定的会面时间，但有时也出于新的复杂目的，为了不确定地重新寻找那个与我约定见面的人，因此也可能要长久地、不确定地等待下去。在孩提时代我就对等待有一种巨大的、不安的恐惧感，也许人们由此得出结论，我曾经注定要成为什么更好的人，我却预感到了自己的未来。

在状态好的时候，我没有时间，也不允许自己理所当然地享受生活，反而是在状态差的时候，比这种状态本身更需要这样生活。现在我正承受着这样一种状态，我根据日记计算，是从9天前，差不多10天前开始的。昨天我又一次顶着汹涌澎湃的脑袋上床睡觉，已然期待这糟糕的时刻过去，并担心可能会睡不好。不过这都过去了，我睡得非常好，醒来却不好。

〈1911年〉12月19日

昨天，拉泰纳的《大卫的小提琴》。那个被遗弃的兄弟，一位小提琴艺术家，变成富人荣归故里，正如最初我在高中时代的梦境中那样。但是他做的第一件事是穿着乞丐服，像铲雪的人一样用破布裹着脚，试探他那些从未走出过家乡的亲戚们：他诚实的、贫穷的女儿，那位富有的哥哥，他不让自己的儿子娶这个贫穷的堂妹，自己上了年纪却要娶一位年轻女子。后来他才掀开皇袍亮出身份，皇袍下面斜挂着一条绶带，上面挂着欧洲侯爵的所有勋章。他用小提琴和歌声将所有亲戚及其家属变成了好人，并且捋清了他们的关系。

奇西克女士又表演了。昨天她的身体比脸更美，这张脸比平时更加瘦削，因而额头显得更扎眼，一说话就皱起来。她极其圆润的、中等强壮的巨大身躯昨天与她的脸并不相称，这让我模糊地想起了双重生物，美人鱼、半人半马的海妖、半人半马的怪物之类。然后，当她站在我面前时，面容已经扭曲，皮肤被化妆品侵蚀得不再光洁，深蓝色短袖衬衫上有一处污渍，对我而言，就像是在一圈冰冷无情的观众当中对着一座雕像说话一样。克卢格女士站在她身旁，注视着我。韦尔奇小姐从左边观察我。我说了一切能说的蠢话。就这样，我不停地问奇西克女士，她为什么去了德累斯顿，尽管我知道她是因为和别人闹翻了才离开，也知道这个话题令她尴尬。最后这令我更加尴尬，只是我想不出任何其他话题。在我和克卢格女士说话的时候，奇西克女士插进来，我向克卢格女士说了一声"抱歉"，就转向奇西克女士，就像我下定决心从此刻起与奇西克女士要共度一生似的。后来，当我和奇西克女士说话时，我发现我的爱根本没有俘获她的芳心，而只是忽近忽远地围绕着她飞翔。的确，它是不可能安静下来的。——利布戈尔德女士饰演一名年轻男子，穿的衣服紧紧包裹住她怀孕的身体。因为

她没有听她父亲（勒维）的话，他把她的上身压在一把沙发椅上，打她的屁股，屁股上的裤子绷得特别紧。然后勒维说，他碰她的时候就像碰一只耗子似的令他厌恶。不过，从前面看她是漂亮的，只是从侧面看，鼻子过长，过尖，而且往下勾得厉害。

我10点才抵达，之前去散了步，并且因为轻度神经过敏尝尽苦头，在剧院里占了个座，演出时，也就是在独唱演员们试图唱着歌向我走来的时候，我去散步了。我也错过了克卢格女士的表演，聆听她那永远动人的歌声是对这个世界稳定性的考验，这正是我需要的。

今天吃早饭时，我偶然间与母亲谈到孩子和结婚，仅仅是只言片语，却让我第一次清晰地感受到，母亲对我的看法是多么不切实际和幼稚啊。她把我看作是健康的年轻男子，只是因为幻想自己身体有病而轻微受了点苦。这种幻想会随着时间的推移自动消失，当然，结婚生子大概会使它彻底消除。然后，对文学的兴趣也许会减少到受过教育的人所必需的程度。对我的工作或工厂或刚刚由我接手之事的兴趣，将会理所当然、不受干扰地大量涌现。因此，对我的未来感到持久的绝望是丝毫

没有毫无征兆的理由的，而暂时的却也不会加深的绝望倒是有诱因，比如我觉得胃又坏了，或者因为写了太多东西而无法睡觉。解决方案有数千种。可能性最大的是，我突然爱上一个姑娘，并且再也无法放弃她。然后我就会看到，人们是那么善待我，而且不去阻碍我。可是如果我是个单身汉，就像马德里的叔叔一样，这也不算是一种不幸，因为我将知道如何用我的聪慧调整自己。

1911年12月23日　星期六

一看到我的整个生活方式通向一个对所有亲戚和熟人而言陌生的错误方向，这种担心就出现了，我的父亲将它说出来了，我可能会成为第二个鲁道夫叔叔，就是那个新生家庭的傻瓜，一个为适应另一个时代的需要而有所改变的傻瓜。于是从现在起我就能感受到，母亲对这种看法的异议随着时间的推移变得愈发渺小，在母亲体内，这一切是如何积聚起来并且变强的——在支持我的时候说什么，在反对鲁道夫叔叔的时候说什么，就像个楔子一样进入我们两人的想法之间。

前天在工厂里。晚上在马克斯那儿，画家诺瓦克刚好也在那里对马克斯的石版画大谈特谈。我知道在他们面前我无法表达自己，不能说是，也不能说不是。马克斯提出一些已经形成的观点，我的思想围绕着他的观点打转，没有结果。我终于适应了这些独立的版画，至少克服了不熟练的眼睛所发出的惊讶，看出了一个下巴是圆的，一张脸是被挤压了的，上身是穿了铠甲的，看起来更像是他在日常便服下面穿了一件巨大的礼服衬衫。那位画家提出了一些不是努力一两次就能理解的观点，并且只因为他对着我们说而削弱了其意义，如果他的观点在内心得到证实的话，那么我们说的话就是最蹩脚的瞎扯。他断言，艺术家感受到的以及自我意识到的使命是，将人物刻画吸收到他自己的艺术形式当中去。为了做到这一点，他先是绘制了一幅彩色人物肖像速写，这速写也放在我们面前，在深色中表现出一种实际上过于清晰的、单调的相似性（这种过分的清晰我到现在才能承认），并且被马克斯称作是最好的肖像画，因为它除了相似性之外，在眼睛和嘴巴周围的笔锋也显得高贵和镇定，这种笔锋被深沉的色彩恰如其分地增强了。如果有人被问及，那么这是不可否认的。这位画家现在正在家依照这幅速写来制作他的石版画，他将石版画一幅接一幅地修改，追求对自然现象的逐渐远离，不过这非但没有损害他自己的艺术形式，反而是一笔一画地向它靠近。如此一来，就像是外耳失去了它人类的曲线和精细的边缘，变成了深陷的半圆旋涡，围绕着一个小黑洞。马克斯那个骨感的、从耳朵开始就形成的下巴失去了它明确的界线，这个界线看起来是那样不可或缺，而且在观察者看来，除去旧的真实面貌未必会得到新的真实面貌。头发消散在稳固的、明晰的轮廓中，并且依旧是人类的头发，无论画家如何否认这一点。在画家要求我们理解这种转变的同时，他只是匆促却骄傲地提到，这些纸张上的一切都是有意义的，即便是偶然勾勒的东西也是必不可少的，因为它影响了后来一切的效果。因此，在一个脑袋旁，一条细长的、浅色的咖啡渍几乎自上而下贯穿了整幅画面，这条渍迹是加上去的，计算好的，去掉它就会损害全部比例。在另一张纸上左边的角落里有一大块呈点状散开的、几乎不显眼的蓝色斑迹。这块斑迹此刻甚至有点儿故意画上去的意思，因为从它那里越过这幅图画照射过来一小束光线，后来画家在这束光线里继续作画。现在，他的下一个目标首先是嘴巴，在嘴巴上已经有几处改动，但是还不够，还要把鼻子一起拉进来作改动，对此，他注意到了马克斯的抱怨，他说若是如此，石版画就离漂亮的彩色速写越来越远了，他表示完全不排除石版画再次靠近彩色速写的可能性。无论如何，这种笃定是不可忽视的，带着这份笃定，画家在谈话中每时每刻都信赖他灵感中未预料到的东西，只有这份信赖才能以最佳的合理性让他的艺术工作成为近乎科学的工作。——两幅石版画《卖苹果的女人》和《散步》。

写日记的一个好处是，可以让人冷静、清晰地意识到那些不断发生的变化，当然，一般情况下人们也相信、预料并且承认这些变化，但是，如果事关从这样一种承认中获取希望或安宁的话，人们总会不知不觉地否认这些变化。在日记中，人们可以发现一些证据，证明自身在如今看上去无法忍受的境况之中生活过，环顾过四周，并将观察到的记录了下来，也就是说，

这只右手曾经像今天一样移动过,虽然我们由于有机会通观当时的境况而变得更为机智,但是为此必须更加认可我们当时在纯粹的无知中坚持追求的那份无畏精神。

昨天整整一上午我的脑袋被韦弗尔的诗装得满满的,就像装满了雾气。有一瞬间我感到害怕,这种兴奋会不停地将我一直拽进胡言乱语的境地。

前天晚上和韦尔奇的那段令人痛苦的谈话。我的目光吃惊地在他的脸和脖子上来回游走了一小时之久。有一次,在兴奋、虚弱和心不在焉引发面容扭曲的时候,我不确定是否会在不对我们的关系造成长久伤害的情况下走出那间屋子。在外面,这下着雨的天气正是为默默行走而准备的,我深吸一口气,然后心满意足地在"东方"前面等了 M.[①] 一个小时。慢慢地看着表,漫不经心地走来走去,这种等待对我来说几乎和躺在长沙发上双腿伸开、双手放在裤兜里一样惬意。(在半睡半醒时,你完全不会以为是双手在裤兜里,而似乎是拳头放在大腿上面。)

---

① 马克斯·布罗德。——译者注

1911年12月24日　星期天

昨天在鲍姆那里是愉快的。我和韦尔奇一同在那儿。马克斯在布雷斯劳。我感到无拘无束，随心所欲，我该怎么回答就怎么回答，该怎么聆听就怎么聆听，发出了最多的噪声，有一次还说了一句蠢话，但这也不要紧，而且立刻就被冲淡了。在雨中同韦尔奇一起回家的路也是如此，尽管有小水坑，有风，而且挺冷的，但是对我们而言，这段路程走得那么快，好像是乘车回去的一样。在道别时，我们二人都感到惋惜。

我还是个孩子时，每当父亲提到最后或者月底的时候，作为商人的他时常提到这些，我就会感到害怕，如果不是害怕，就是不舒服。因为我并不好奇，就算我也问上一问，由于思维缓慢也不能够迅速领悟答案，也因为一种偶然出现的、行动力弱的好奇心常常通过问与答就能得到满足，也就无须再去求得某种意义，所以，"最后"这个词对我而言是个不愉快的秘密，要是更仔细地去听的话，"月底"这个词跟它相比就居于次位了，虽说这个词也从未有过如此强烈的意义。还有一件糟糕的事，担心了如此之久的"最后"从未能完全被克服，因为它消逝的时候没有特别的征兆，也没有特别引人注意，因为它总是在大约30天后出现，这一点我是很久之后才意识到的，而且

当第一天幸运地来临时,人们又开始说"最后",当然不是特别惊慌,不过这在没有核实的情况下成了另一件费解之事。

昨天中午我到 W.[①] 那里时,听到了他妹妹的声音,她跟我打招呼,但是,直到她孱弱的身影离开了摆放在我面前的摇椅时,我才看见了她本人。

今天上午我外甥的割礼。一个身材矮小、弓形腿的男人,叫奥斯特里茨,他已经做过 2800 次割包皮手术,做得非常熟练。这次手术的难度有所增加,因为小男孩没有躺在手术台上,而是躺在他祖父的怀里,手术医生没有全神贯注,不得不咕哝着祷告。一开始这个小男孩被包裹起来,只露出阴茎,然后放上一块打了孔的金属圆盘,精确地定位切面,接着用一把看上去很普通的刀,一种鱼刀,进行切割。这下就可以看见血和肉了,行割礼的人用他那指甲长长的、颤抖的手指快速地在里面操作,把从某个地方得来的、像手指头套一样的一块皮盖在了伤口上。很快,一切都好了,孩子几乎没哭。这时还有一个小小的祷告,在此期间行割礼的人喝着红酒,用他那尚未洗净血

---

① 菲利克斯·韦尔奇。——译者注

水的手指蘸了点酒抹到孩子的嘴唇上。在场的人祷告："现在他已加入这个盟约，那么他就该获得《摩西五经》的知识、美满的婚姻和良好的事业。"

今天，我听见行割礼的人在餐后甜点时间做祷告，在场的人除了两位祖父外，在完全无法理解祷告词的情况下，用做梦和无聊打发了时间，在此期间我看见眼前出现了一个正处在明显不可预见的过渡时期的西欧犹太教，那些直接相关人对此并不担心，而是作为合适的过渡人，承担起托付给他们的职责。这种在上一次结尾完成的宗教形式，已经在其目前的演练中获得了一种如此无可争议的、纯粹的历史特性，因而耗费上午那段时间似乎是必要的，目的是通过传达早先古老的割礼习俗及其半唱式的祷告词，激发在场的人对历史的兴趣。

勒维，那个我几乎每天晚上都让他等上半个小时的人，昨天对我说，几天以来，我在等待的时候总仰望着您的窗户。若是像平常一样早到的话，一开始我看到那里有灯光，我就会想，您还在工作。然后灯熄灭了，隔壁屋内灯还亮着，那就是说您在吃晚饭；然后您房间里的灯又亮了起来，那就是说您在刷牙；

然后灯熄了,就是说您已经上了楼梯,可是接着灯又亮起来了。

〈1911年〉12月25日

我通过勒维了解的关于华沙当代犹太文学的东西,以及通过部分自身观察了解的当代捷克文学的东西,都表明文学工作的诸多好处——对灵魂产生触动;将那种在外部生活中常常无所作为并且总是四分五裂的民族自豪感统一凝聚起来;通过一种文学使该民族为自身和面对敌对环境赢得支持;为民族记录日记,这与编撰历史完全是两码事,也不同于一种更快的、始终经受多方考验的发展结果,详细记述大范围的公共生活;约束那些只可能在因疏忽大意而出现损失的地方立刻发挥作用的不满分子;通过运营报刊且始终依赖整体,形成对人民的划分;将民族注意力限制在自己的圈子里,只在镜像中记录外来事物;出现了对文学从业者的尊敬;短暂却持续地唤醒青年人进行更高层次的追求;文学事件被纳入政治问题中;父子之间矛盾有了变好和商讨的可能性;以一种虽然极其痛苦但值得谅解的、自由的方式对民族的过错进行了演绎;书报出版业生机勃勃、自信满满地兴起了,同样兴起的还有对书的渴念——这所有的作用都能通过文学发挥出来,实际上,这种文学虽然没有发展到非同寻常的规模,但因为它缺少杰出的人才而存在这样一种现象。这种文学的活力甚至要大于一种天才众多的文学,因为这里没有作家,在他们的才华面前至少大多数挑毛拣刺的人都得沉默，在这里，文学争论在最大程度上得到了一种真正的合理性。因此，这种任何才华都无法突破的文学，也没有暴露出那种可能让无关紧要的东西穿过的漏洞。由此，这种文学对专心致志的要求变得更加迫切。个别作家的独立性，当然只是在民族范围内得到了更好的保护。缺乏令人折服的民族典范将无能之人完全阻挡在文学之外。但是，就算是微弱的能力，也不足以让当前盛行的作家的模棱两可的特色来影响自己，或者不足以引进外国文学的成果，或者不足以模仿已经引入的外国文学，人们可能已经从中意识到，在一种才华横溢的文学中，比如德国文学，最差的作家也将其模仿局限在国内。在上文所述的流派里，一种个体上糟糕的文学的那种富有创造力和令人愉快的力量，表现得特别有影响力，如果以此开始在文学史中记录已故作家的话。他们当时和现在无可争辩的影响变成了那么真实的东西，以至于他可以被他们的文学作品替换。人们谈论后者，而意在前者，的确，人们甚至读了后者并且只看到前者。但是，由于那种影响不容遗忘，那些文学作品无法对记忆产生独立的影响，因而也不存在遗忘和重新记起。文学史展现了一个不可改变的、值得信赖的群体，这个群体很少受到日常审美的危害。一个小民族的记忆不亚于一个大民族的记忆，因而它对现存材料的理解更为彻底。虽然精通文学史的人较少从事这个领域，但是文学与其说是文学史的事情，不如说是人民的事情，因此，文学即便没有得到纯粹的保留，也得到了可靠的保护。因为，一个小民族内部的这种民族意识对个体提出的要求，使得每个人必须始终准备好去了解、承受和捍卫分摊给他的那部分文学，即便无法了解和承受它，却无论如何都要捍卫它。

———————

俄罗斯的割礼。整栋住宅只有一道道门，门上挂着巴掌大小的、印着带有犹太教神秘教义符号的板子，是为了在出生到行割礼的那段期间保护母亲免受恶灵纠缠，恶灵在这段期间对母亲和孩子来说可能是特别危险的，也许是因为她的身体十分频繁地被打开，因此给所有邪恶的东西提供了舒适的入口，也因为，只要孩子还未加入这个盟约，就无法抵抗邪恶的东西。因此，为了不让母亲在任何时刻独处，必须雇用一个女守卫者。还有一个可以抵御恶灵的方法，即在出生后的七天里，除了星期五之外，在傍晚时分，常会让10个至15个孩子在助教的带领下到母亲的床边，在那里背诵以色列经文，然后给这些孩子一些糖果。据说这些5岁至8岁的贞洁孩童能够特别有效地挡住傍晚时分大量逼近的恶灵。星期五会举行一种特别的庆典，一般就像是这个星期里接踵而至的几场盛宴。在行割礼前一天，恶灵是最猖狂的，所以前一晚是不眠夜，人们要在母亲身边清醒地度过这一夜，直到清晨来临。割礼大多数是在一百多位亲朋好友在场时进行的。在场的人中最德高望重的那位可以抱着孩子。行割礼的人无偿履行其职责，他们大多是酒鬼，因为按照他们的工作性质，通常不能参加宴席，只能灌一些烈酒下去。因此，所有这些行割礼的人都是红鼻子，嘴里有味道。当他们行了割礼后，按照规定要用嘴吸出那血淋淋的阴茎，因此也就没了胃口。之后阴茎被木粉盖住，大约三天后就能愈合。

对犹太人，特别是在俄罗斯的犹太人而言，一种严肃的家庭生活似乎并不是那么十分普遍或者典型的，因为家庭生活毕竟是基督教徒的，妨碍犹太人家庭生活的是不允许女性学习犹太教法典。因此，当丈夫和客人谈论深奥的犹太教法典之事，也就是他们生活的核心问题时，女人会退回隔壁房间，若是不必退回去，对她们而言反而是更奇特的事情。她们如此频繁地利用每一次可能的机会相聚，不管是为了祷告，还是为了学习，或是谈论神圣的事情，或是为了大多数情况下以宗教为由的宴会，在那些宴会上只能适度饮酒。她们礼节性地避开彼此。

歌德很可能通过他作品的力量来抑制德语的发展。在此期间，散文即便不时地离开他，但也会如此刻一般，终究带着更强烈的渴念回到他那里，并且掌握了在歌德那里发现的、此外却和他没有关系的古老短语，为的是欣赏这些短语之间无限依赖的完美景象。

我的希伯来语名字叫作安舍尔，跟我母亲的外祖父一样。在母亲的记忆中，他是个非常虔诚和博学的人，留着长长的白胡子，他去世的时候母亲才6岁。她回想起自己是如何紧紧抓住遗体的脚趾，乞求外祖父原谅她可能对他犯下的过错。她还回忆起外祖父那填满墙壁的书籍。他每天都在河里洗澡，冬天亦如此，那时他会在冰里凿出一个窟窿洗澡。我母亲的母亲因为伤寒过早离世。从此以后，母亲的外祖母变得忧郁了，她拒绝吃饭，不跟人说话，在她女儿去世一年后的一天，她出去散步，就再也没回来，她的尸体被人从易北河里拖出来。比母亲的外祖父更博学的人是母亲的曾祖父，他在基督徒和犹太人中有同样的威望，一次大火中，因为他的虔诚出现了一个奇迹，大火绕过他的房子，没有对其造成丝毫损坏，而周围的房子都被烧毁了。他有四个儿子，一个皈依基督教，成了医生。除了母亲的祖父外，其他人不久后都死了。母亲的祖父有一个儿子，母亲叫他疯叔叔纳旦，母亲的祖父还有一个女儿，正是母亲的母亲。

朝着窗户跑去，穿过碎裂的木头和玻璃，在使尽全部力气后，虚弱地跨过窗下的护墙。

〈1911年〉12月26日

又没睡好,已经是第三个晚上了。就这样,这三天假期我是在一种需要帮助的状态中度过的,这三天里,我希望能写出点东西来,这些东西也许能帮助我度过这一整年。在平安夜与勒维一起朝施特恩的方向散步。昨天看《布吕马勒或华沙的珍珠》。由于她坚定的爱和忠贞,布吕马勒被作者冠以"华沙的鲜花或珍珠"的美誉。只有奇西克女士那裸露在外的纤长娇嫩的脖颈能衬托她的脸型。克卢格女士在唱一首律动均匀的曲子时,眼里泛起泪光,这首曲子让听众低下了头,在我看来,她的泪光的意义远远超越了这首曲子,超越了这个剧院,超越了所有观众的忧虑,当然也超越了我的想象力。目光透过后面的门帘飘进衣帽间,正好落在克卢格女士身上,她站在那里,穿着白色衬裙和短袖衬衫。我不确定观众的感受,因此竭力从内心激发他们的热情。昨天,我以娴熟的、和蔼可亲的方式与陶西希小姐和她的随从交谈。在昨天和星期六感受到我良好品格的自由,那就是,我出于对这个世界的某种顺从和傲慢的谦虚而使用一些表面上尴尬的词语和动作,尽管从长远来看我不需要这么做。我独自与母亲在一起,我觉得这样是轻松而美好的;我坚定地看着所有人。

续篇

古代的文章有多种解释,面对平庸的文章,这些解释用一种力量在向前推进，这种力量只可能因为担心到最后都进行得过于轻松而被削弱，或者是被人们一致达成的敬畏削弱。一切都以一种最真实的方式发生，只是在偏见中得到研究，这种偏见从不松懈，不辞辛劳，并且通过抬起一只灵活的手而传播甚远。然而，最后这种偏见不仅阻碍了远方的视野，也阻碍了深入的洞察，因此，所有这些解释都化成泡影。

因为缺少有关联的人，有关联的文学行为也就被遗忘了。（某起个别事件被挤压到低处，是为了能够从高处观察它，而被抬到高处，是为了让人在上方、在它的旁边来维护它。错了。）即便时常冷静地仔细思索这起个别事件，人们也还是达不到它的边界，它在这边界上与同类事情联系起来，人们最容易达到政治的边界，是的，人们甚至试图在它出现时最先看见它，并且常常会发现，这种相互联系的边界到处都是。空间的狭窄，此外还有对单一和千篇一律的顾虑，最后还有这种权衡，即由于文学的内在独立性，它与政治的外在联系是无害的，这些都致使文学通过紧紧抓住政治口号在国内传播开来。

一般情况下，对小的主题进行文学处理是一种乐趣，这种主题只能小到一股小小的兴奋就可以将其消耗殆尽的程度，并且有争论的前景和支撑。经过文学推敲的谩骂之词不时地翻腾起来，并在更热烈的氛围里飞舞。在伟大的文学里，那些在底下运行的、并非文学大厦的地窖所必不可少的组成部分，在这里出现在光天化日之下，在那里瞬间凝聚的东西，在这里招致的不亚于所有人的生死抉择。

列举一些如今很容易被当作古董的事物：在通往林荫道和远足地点的路上行乞的残疾人，夜里没有照明的空间，桥上的十字路口。

《诗与真》里面一些段落的概要。这些段落以一种无法证实的特性，给人留下一种特别强烈的、与原来的描述没有本质关联的生动印象，例如唤起了对少年歌德的想象，他是怎样充满好奇地、穿着贵气地、可爱且活泼地闯入所有熟人之中，只为了能看见和听见应该被看到和听到的一切。此刻我正翻阅着这本书，却找不到那些段落，在我看来一切都是那么清晰明了，并且包含一种任何偶然情况都无法超越的生动性。我得等着，等到可以单纯地阅读，然后在那些确切的段落中驻足停留。

令人不快的是，每当父亲讲述他青年时代不得不忍受的那些苦难时，总是喋喋不休地影射到他同时代的人，尤其是他孩子们的幸福上来。没人否认，多年以来由于没有足够的冬装，他腿上的伤口总是裸露在外；他总是挨饿，他 10 岁时就不得不推着一辆小车穿过村子，冬天和早晨很早的时候也如此——据

说这让他无法理解，这些确切的事实与另一个确切的事实相比，即我没有经受过这一切，绝不能得出我比他幸福的结论，他可以因为腿上的伤而自负，他从最开始就假定和断言，我不懂得珍视他当时的苦难，而且就因为我没有经受过同样的苦难，最后我就必须无限地感激他。我多么喜欢倾听啊，要是他滔滔不绝地讲述他的青年时代和他父母的话，可要是在吹嘘和责骂的语气中倾听这一切，就是折磨人了。他一次次地拍合双手说道："今天谁还知道这个！孩子们知道什么！没人遭过这茬罪！今天有一个孩子理解这个吗！"今天又对来我们家做客的尤丽叶姑姑说了类似的话。她和父亲那边所有亲戚一样也有一张大脸。这双眼睛在有点儿令人不安的细微之处摆错了位置或说是颜色不对头。她10岁时就被雇去当了厨娘。那时她不得不冒着严寒穿着一件湿漉漉的小裙子为某些事情奔走，腿上的皮肤裂开，小裙子结了冰，到晚上上床时才变干。

1911年12月27日

一个不该有孩子的不幸的人，被禁锢在他的不幸之中。哪里都没有复苏的希望，没有被幸运星帮助的希望。他必须带着这份不幸走他的路，在他的路程结束时，表示知足，并且不再继续纠缠，以便试探一下，他所遭受的不幸在更长的道路上，在身体和时间方面的其他条件下，是否会消失不见，或者甚至带来好运。

我在写作时的这种错误感,让我在这幅图景里描述一下:一人在两个地洞前面等待着一个幽灵出现,它只可以从右边那个地洞里冒出来。但是,这个地洞正好在一个模糊可见的封条下面,一个接一个的幽灵从左边冒出来,毫不费力地通过不断膨胀的体积吸引人的注意,不管人们多么奋力阻挡,最终甚至盖住了真正的洞口。但是现在,如果人们不愿离开这个地方的话——人们无论如何都不想这么做,他们已经依赖这些幽灵了,但是由于它们短暂易逝——它们的力量在刚出现的时候就消耗殆尽了——无法使人们满足,但是,如果它们因为虚弱而停住的话,人们会向上方或各个方向驱赶它们,只为把其他幽灵带上来,因为这种持久的景象对一个人而言是无法忍受的,也因为人们依然希望在假幽灵筋疲力尽之后,真的精灵会出现。

小众文学特征简图:

在任何地域、任何情况下,都有积极效果。

这里在个别情况下甚至有更好的效果。

1. 生动性

a. 争论 b. 流派 c. 刊物

2. 轻松性

a. 无原则性 b. 小主题 c. 容易形成象征 d. 能力不足遭淘汰

3. 通俗性

a. 与政治的联系 b. 文学史 c. 对文学的信念，文学的立法将由它自身完成。

如果人们已经在所有环节中感受到了这种有益的、快乐的生活，那么这就难以改变了。

上面这幅简图是多么虚弱无力啊。就像在实际感受和对比描述之间插入了一个毫无关联的先决条件。

1911 年 12 月 28 日

这种烦恼是工厂带给我的。当他们要我答应每天下午去那里工作的时候，我为什么就听人差遣了呢？现在没有人用暴力强迫我，但是父亲用斥责，卡尔用沉默，还有我的负罪意识在逼迫我。我对这家工厂一无所知，今天早晨，在委员会视察的时候，我就毫无用处地、像挨了打似的无所事事地站着。我认为了解工厂运作的所有细节是不可能的。假如通过所有合伙人无休止的发问和纠缠做到这一点的话，那又实现了什么呢？我明白，带着这种想法，什么实际的事情我也做不了，我只适合做表面功夫，我上司的正义感为此添油加醋，再添上一点真正好业绩的名声。但是，通过这种为工厂白白耗费的努力，在另一方面，我又被剥夺了将下午一些时间用在自己身上的可能性，这必然会导致我的存在完全瓦解,而我的存在本来也越来越受限制了。

今天下午在一个出口处,我在几步之遥的地方看到十足自命不凡的委员会成员们朝我走来,或者要穿过我走这条路,他们早上给我带来了那样的恐惧。

1911 年 12 月 29 日
歌德作品中那些生动的地方。第 265 页:"因此我把我的朋友拉进了森林。"

通过大量有说服力的回忆来鼓舞士气。一股独立的波涛转向我们的航船,随着波涛越发凶猛,我们也越来越意识到自己的力量,士气本身也有所增强。

歌德:307 页"此刻,在这几小时中,我除了医学或自然史

外没有听到任何别的谈话,我的想象力被拉到一个完全别样的领域中。"

即便是一篇小文章的收尾也有难度,困难并不在于,我们对剧本结尾的感觉是需要一团火焰,而迄今为止的实际内容也不能从自身生出一团火焰来,更确切地说,困难产生的原因是,即便是最短的文章也要求作者自身具备一种自满和失望,没有强大的决心和外在的鞭策,很难从中摆脱出来,进入日常生活的空间之中,因此,还不如在文章即将结束,可以悄悄溜掉的时候,在不安的驱使下提前溜走,然后肯定得直接用双手从外部来完成结尾,这双手不仅得干活,还得紧抓不放。

1911 年 12 月 30 日

我的模仿欲望没有丝毫表演的性质,它首先缺乏的是一致性。在它的整个范围内,那些粗劣的、有显著特点的东西,我是完全无法模仿的,我做过类似的尝试,都失败了,这些尝试违背了我的天性。与此相反,对于模仿粗劣东西的细节,我有一种坚定的欲望,它迫使我去模仿某些人操纵手杖的样子、他们双手的姿势、他们手指的动作,我可以毫不费力地做到这些。不过,正是这些毫不费力的事情、这种对模仿的渴望使我远离演员，因为这种毫不费力的状态有它的对立面，就是没人意识到我在模仿。只有我自己满意的或者常常是勉强的赞赏表明我成功了。不过，远超这种外在模仿的还有内心模仿，内心模仿经常是那么令人信服，那么强烈，在我心里完全没有去观察和证实这种模仿的余地，只有在回忆中我才会发现它。但是这里的模仿是那么完整，而且一下子就取代了我本人，所以这种模仿在它完全可以被做得很明显的前提下，在舞台上也许是无法忍受的。不能苛求观众理解最外在的表演之外的东西。如果一位演员按照剧本要求不得不痛打另一位演员，他在激动和感官的过强冲击下，真的打了另一个人，而另一个人疼得大叫出来，那么观众必然会惊呼"哎呀"并从中调解。很少以这种方式发生的事，却以更不重要的方式发生了无数次。蹩脚演员的本质并不是模仿得差，而是由于教育、经验和天资的匮乏而模仿了错误的范例。但他的根本错误依旧是没有遵守表演的限度而过度模仿。他对于舞台要求的模糊想象驱使他这么做，就算观众认为这个或那个演员不好，因为他傻愣愣地闲站着，用手指尖摆弄着他口袋的边缘，双手不得体地折放在臀部上面，偷偷去听提词员的提示，无论如何，就算时间完全改变，焦虑的严肃依旧还在，如此一来，这个空降在舞台上的演员也不怎么样，因为他模仿得过于强烈，即便他只是以他的

1911年12月31日

想法在行动。正是因为他的能力那么有限，所以比起包揽

全部，他更担心做得不够。即便他的能力并非小到不能再小，他也不想暴露，在可能的情况下，以及在加入了他意愿的情况下，他能使用的本领也比他的所有本领要少。自由的、不顾看守人在走廊里进行的、被纯粹感受到的表演需求控制的

早晨，我感觉对写作是那样精力充沛，但此刻，下午要为马克斯朗诵的想法彻底妨碍了我。这也表明我对友谊是多么无能为力，前提是，在这种意义上，友谊是完全有可能存在的。因为一种从不打断日常生活的友谊是不可想象的，所以，就算它的核心未受破坏，它的大量表达也不断地被吹走。这些表达自然从这个未曾破坏的核心里重新形成，但是由于这种形成需要时间，而且也不是每个期待都能实现，就算撇开个人情绪的变化，也可能永远无法在上次中断的地方重新接续上。由此，在基础深厚的友谊中，每次重新见面都会出现一种不安，这种不安肯定不会严重到被察觉出来，但是可能会对谈话和举止产生干扰，到了一种让人有意识地感到惊讶的程度，特别是当人们没有意识到原因或者无法相信这个原因的时候。在这种情况下，我该怎么给马克斯朗诵，又该如何在写下下面的文字的同时想着我将要把它们朗诵给他听呢。

此外，让我困扰的是，今天早上我翻阅了这本日记，想看

看我能给马克斯读些什么。此刻，我在浏览的时候，既不觉得迄今为止写下的东西特别有价值，也不觉得必须将它们直接扔掉。我的评价介于两者之间，并且更靠近前者，然而并不是说，即便我身体虚弱，但按照所写东西的价值，我肯定认为自己已经筋疲力尽了。尽管如此，当我瞥了一眼写下的那堆东西，我的注意力便在自己的写作源头处分散了，因此接下来的几个小时基本上是不可挽回了，因为注意力几乎在同一条河道里顺流而下消失殆尽了。

我有时相信，自己在整个中学时代和那以前思维特别敏锐，只是由于后来记忆力衰退，才导致今天我无法再对此做出公正的判断，所以我再次意识到，我糟糕的记忆力只是想要迎合我，而且我的思想非常怠惰，至少在本身无关紧要但是后果严重的事情上是这样。因此，我自然地回忆起，在中学时期常常——虽然不是很明确，我那时候就已经很容易疲倦——和贝格曼一起，以一种要么存在于内心的、要么从他那儿模仿来的犹太教法典的方式，去争论上帝及其存在的问题。当时我喜欢提到在一本基督教杂志中——我想是《基督教世界》——发现的论题，在这个论题里，一只表与世界、钟表匠与上帝彼此相对而立，据说钟表匠的存在证明了上帝的存在。在我看来，我在贝格曼面前能够非常有力地对此进行反驳，即使这个驳论在我心中还没有打下牢固的基础，为了运用它我还得将它组织起来，就像

玩一种耐心游戏一样。这样一种争论是在我们围绕着市政厅塔楼走的时候发生的。我之所以记得这么清楚，是因为我们曾在几年前回忆过此事。——在我觉得自己在这方面表现出色的时候——不同于对我表现出色的渴望，对产生效果或者效果本身的喜悦并不会导致我这么做——我仅仅是由于不够强大的思考能力才容忍自己总是穿着破烂的衣服走来走去，这是我的父母轮流从个别客户那里、最早是在一个叫努斯尔的裁缝那里定制的。我当然注意到了，这是很明显的，我走在路上穿得特别差，我也会喜欢那些穿得特别好的人，只是多年以来我从未想过从我的衣着上去寻找我悲惨外表的原因。因为那时我已经更多在预感中，而不是在实际中走上了轻视自己的道路，我坚信，这些衣服只是在我身上才呈现出起初如地板般僵硬、后来皱巴巴的样子而已。我根本不想要新衣服，因为如果我看起来已经是丑陋的，那么我至少想要觉得舒服，此外也想避免向已经习惯了旧服装的世界展示新服装的丑陋。我的母亲常常想为我做那种新衣服，因为她用成人的眼光总还是看得出新衣服和旧衣服之间的区别的，我对母亲的这种越来越持久的拒绝对我起了反作用，我在父母的证实下不得不做这种想象，我对我的外表毫不关心。

〈1912年〉1月2日

因此，连我的身姿也向那破衣服屈服了，我走来走去，驼着背，歪着肩，胳膊和双手不知所措；我害怕照镜子，因为它照出了我认为无法回避的丑陋，这种丑陋本来就不可能被完全真实地映照出来，因为如果我真的长成这样，肯定已经引起了更大的轰动,就会在星期天散步时忍受母亲在背后温柔的戳碰和许多太过抽象的警告和预言,我却无法将这些与我当时眼前的忧虑联系起来。一般来说,我主要缺少的是为真正的未来预先做哪怕是一丁点儿准备的能力。我的思想只停留在眼前的事物及其当前的状态上,并非由于细致缜密或者十分坚定的兴趣,而是由于悲伤和恐惧,只要它不会引发思想上的软弱的话。悲伤是因为现状于我而言是那么悲哀,我想,在这个现状消融在幸福里之前,我是不可以离开它的;出于恐惧是因为,如同我惧怕迈出眼下极小的一步,我也认为我不配以这可鄙、幼稚的举动,郑重其事地、负责任地去评价伟大的、器宇轩昂的未来,这种未来通常也不太可能发生在我身上,所以每一次小的进步对我而言似乎都是一种作假,而下一次进步无法企及。我更容易承认奇迹,而不是真正的进步,但是我太过冷漠了,致使奇迹和真正的进步分别留在它们自己的领域里。因此,我可以在入睡之前长时间想象着,有一天我成了富人,驾着一辆四驾马车驶入一座犹太人的城市,用一个命令解救一位被无端殴打的美丽的姑娘,然后乘着我的马车继续行驶。但是我不为这种玩乐的信念所动,这种信念大概只有靠着一种已然不健康的性欲生存,我依然坚信,我无法通过那一年的期末考试,如果真是这样的话,我就不能进入下一个年级,就算这还可以通过作弊来避免,我最终肯定会在高中毕业考试里栽跟头,此外,我相当确定,不管在哪个时刻,被我表面上规律性的进步所麻痹的父母和世上其他人,会因为暴露出一种闻所未闻的无能而突然大吃一惊。但是,因为我总是将我的无能看作未来的指路灯——只是很少如此看待我不怎么样的文学作品——对未来的思虑从未给我带来任何益处，它只是继续编织眼前的悲痛。如果我愿意，我虽然可以挺直腰杆行走，但是这让我疲惫，我也看不出驼背的姿势对我的未来会有什么损害。如果我有未来的话，那么我的感觉是这样的，那就是一切都会自行理出头绪。我选择这样一种原则并非是因为它包含对未来的信任，而未来的存在自然是不可信的。更确切地说，它的目的只是让我的生活变得轻松些。就这么行走，这么穿着，这么洗漱，这么读书，首先是将我关在家里，这让我花费的力气最少，对勇气的要求最少。如果我超出这个范围，那么我就只能找到可笑的出路。有一次，似乎没有一件黑色礼服就不能继续对付下去了，尤其是在我面临是否要参加一个舞蹈课的抉择时。来自努斯尔的那个裁缝被叫来商量裁剪衣服的事。我像往常一样在这种情况下犹豫不决，我肯定会害怕，仔细盘问不仅会将我带入一种令人不舒服的情境，甚至会将我拖入一种更加糟糕的处境中。所以我暂时不想要黑色衣服。但是，当他们当着外人的面指出我没有礼服而使我羞愧的时候，我竟然容忍了穿燕尾服的提议。不过因为我将燕尾服视为一种可怕的循环，最后人们会谈论它，但永远不会就此做出决定，我们一致同意做一件无尾晚礼服，由于它和普通男士西服上装相似，对我来说至少还能接受。但是，当我听到还要裁制西服上装的马甲，而且之后我还得穿一件上了浆的衬衫时，我的坚定几乎超出了我的力量，因为这样的事情是要拒绝的。我不想要这样的西服上装，如果必须要有一件的话，我想要一件用丝绸做衬里的高领西服上装。裁缝不知道这样一种西服上装，但是他发现，不管我对这样一件衣服做何种设想，那都不可能是一件舞蹈服。好吧，那么它就不是一件舞蹈服，我也根本不想跳舞，这件事还远未确定下来，与此相反，我想要做这件我描述的衣服。裁缝越来越执拗了，因为到目前为止，我始终以可耻的草率，没有任何说明，也不表达愿望，就让人给我量体裁衣并且试穿。由于母亲催促，我也没什么别的选择，只好跟她一起如此尴尬地穿过老城区的环形路，去一家旧服装商贩的橱窗，较长时间以来我就看到一件那种款式的、并不让人尴尬的西服上装陈列在这个橱窗里，并且觉得它适合我。但不幸的是，那件衣服已经被撤出橱窗了，就算我使劲去看也再看不到它了，我不敢仅仅为了找那件西服上装而走进那家店，最后我们像以前一样意见不一地回来了。但是对我来说，就好像这件未来的西服上装由于这种办法的无效性而受到了诅咒似的，至少我要利用对来回争执的恼怒作为借口，随便订上一个小物件，并且因为西服上装的事说些敷衍的话，把这个裁缝打发走，而我在母亲的责备之下疲惫不堪地永远地留了下来——一切发生在我身上的都是永久的——被阻挡在姑娘们、穿着讲究的出场以及跳舞时的聊天之外。我在此事上同时感受到的快乐令我悲哀，此外，我害怕在裁缝面前显得可笑，迄今为止他还没有过这样的顾客。

1912年1月3日

读了《新评论》中的很多文章。《裸男》的开头,整体上清晰度有点缺乏,细节上不容置疑。豪普特曼的《加布里尔·席琳的逃跑》。人的教育。在恶与善上有启发意义。

除夕。我打算下午给马克斯朗读日记里的内容,我愉快地期待着,却没能读成。我们感觉不一致,我感觉今天下午他身上有一种精打细算的小气和匆忙,他快不是我的朋友了,但他始终一直在某种程度上控制着我,以至于我透过他的双眼看见我不断徒劳地翻阅本子,而且这种来回翻阅令人作呕,它总是在飞快翻动时显示相同的页码。由于这种彼此紧张的关系,一起工作显然是不可能的,我们在相互对抗的情况下完成的《理查德和萨穆埃尔》的一页,只是马克斯有精力的一个证明,其他的却很糟糕。元旦前夜在卡达那里。没有那么讨厌,因为韦尔奇、基施和另一个人掺入了新鲜的血液,所以我最终发现自己回到了马克斯那儿,当然只是在这个社交圈子里。然后,在垄沟上拥挤的人群里,我看也没看他一眼就握住他的手,并且将三个本子用力地压在身上,骄傲地径直走回家,对我而言就像是在回忆里出现的一样。

街道上一座新房子前，小牛草形状的火苗在一口平底锅周围向上蹿。

––––––––––––––––––

在我身上很容易看出来我对写作的专注。写作是我生命当中最有用的一个方向，当这一点在我的肌体里变得明晰之后，一切都朝那个方向挤去，使所有集中在性、吃、喝、哲学思考、音乐上的快乐的能力都腾空了。我朝着所有这些方向消瘦了。这是必要的，因为我的力量整体上是那么微弱，所以只有集中起来才能勉强为写作的目的服务。我当然不是独立地和有意识地发现这个目的，它是自己发现自己的，现在只是受到办公室的干扰，但在这里是完全的干扰。不过，无论如何我都不能为此伤心，就是我无法容忍情人这一点；我对爱情的理解几乎和对音乐的理解一样少，而且不得不满足于最肤浅的、轻而易得的效果，所以我为庆祝元旦前夜，晚餐吃了带菠菜的雅葱，喝了四分之一的色列斯酒，我无法参加星期天在马克斯那里关于他哲学著作的朗诵；对这一切的补偿是显而易见的。我只有将办公室的工作从这个社交群体中扔出去，才能开始我真正的生活，因为我的发展如今已经完成，而且就我所能看见的来说，真正的已经没有别的什么可以去牺牲了，在真正的生活中，我的面容随着工作的进展自然而然地变老。

一场谈话可能会骤变,也许最初详细地谈论内心最深处存在的忧虑,然后,并不是谈话中断,当然也不是从谈话中发展而来的需要,话题变成了下一次见面是何时、何地,以及那时要注意什么问题。如果这场谈话也要以握手结束,那么,人们会带着一种对我们生活纯粹而牢固结构的暂时信仰以及对此的尊重,分道扬镳。

在一部自传中有一种情况是不可避免的,依据事实,在本应该写上"曾经"一词的地方,在非常多情况下写上了"经常"二字。因为人们总是知道,回忆来自黑暗,黑暗被"曾经"这个词驱散,虽然没有被"经常"这个词保护,但是在作者看来至少被它保存了下来,并让它越过生活中也许完全不存在的部分,但是这些部分让那些在他的记忆里即便靠猜测也无法触碰到的东西得到了补偿。